中國道教文化研究

初　編

第 8 冊

道士開闢海上絲綢之路（上）

周運中 著

花木蘭文化事業有限公司

國家圖書館出版品預行編目資料

道士開闢海上絲綢之路（上）／周運中 著 — 初版 — 新北市：
花木蘭文化事業有限公司，2020〔民 109〕
目 2+152 面；19×26 公分
（中國道教文化研究 初編：第 8 冊）
ISBN 978-986-518-045-4（精裝）
1. 道士 2. 航海 3. 歷史
618   109000496

ISBN-978-986-518-045-4

9 789865 180454

中國道教文化研究
初 編 第 八 冊   ISBN：978-986-518-045-4

道士開闢海上絲綢之路（上）

作　　者	周運中
總 編 輯	杜潔祥
副總編輯	楊嘉樂
編　　輯	許郁翎、張雅淋　美術編輯　陳逸婷
出　　版	花木蘭文化事業有限公司
發 行 人	高小娟
聯絡地址	235 新北市中和區中安街七二號十三樓
	電話：02-2923-1455／傳真：02-2923-1452
網　　址	http://www.huamulan.tw 信箱 hml 810518@gmail.com
印　　刷	普羅文化出版廣告事業
初　　版	2020 年 3 月
全書字數	218125 字
定　　價	初編 20 冊（精裝）台幣 40,000 元

道士開闢海上絲綢之路（上）

周運中　著

作者簡介

周運中，男，1984 年生於江蘇濱海縣。南京大學海洋研究中心特約研究員。南京大學學士，復旦大學博士，中國海外交通史研究會理事、中國百越民族史研究會理事。曾任廈門大學歷史學系助理教授、中國南海研究協同創新中心兼職研究員。著有《鄭和下西洋新考》（中國社會科學出版社 2013 年）、《中國南洋古代交通史》（廈門大學出版社 2015 年）、《中國文明起源新考》（花木蘭文化事業有限公司 2015 年）、《正說臺灣古史》（廈門大學出版社 2016 年）、《濱海史考》（江蘇鳳凰科學技術出版社 2016 年）、《九州考源》（花木蘭文化事業有限公司 2019 年）、《秦漢歷史地理考辨》（花木蘭文化事業有限公司 2019 年）、《鄭和下西洋續考》（花木蘭文化事業有限公司 2019 年）等，發表論文百餘篇。

提　　要

　　本書研究上古、秦漢、六朝道士航海史，燕齊方士積極航海，蓬萊是呂宋島，方壺是澎湖島，瀛洲是臺灣島，員嶠是屋久島，岱輿是九州島。秦皇漢武派出很多方士航海，積累了大量海外地理資料。漢魏六朝道士編寫的《漢武帝別國洞冥記》、《神異經》、《拾遺記》、《博物志》、《南方草木狀》、《太清金液神丹經》、《十洲記》等書中有很多珍貴的中外關係料，很多道士從海外販賣珠寶、引進珍奇生物。洞天福地形成於六朝東南，浙東最多，很多浙閩沿海的洞天福地是道士航海的基地。崑崙、蓬萊、瀛洲、方丈、滄浪、白山、八停等六朝的海外洞天被唐代人刪除，反映了唐代道教的內陸轉向。六朝道士為了獲取臺灣的硫磺，積極航海去臺灣，記載了臺灣海峽地理。道士往來於中國的南北海域之間，道教通過海路傳播。東晉大量山東人南遷到浙東，所以舟山群島的主要地名源自山東，這為道教徒孫恩起兵奠定基礎。道士服食的珍品也有不少來自海外，本文考證了其中部分食品。

目次

前　言

　　我在此前出版的專著《中國南洋古代交通史》緒論部分，曾經指出，古代推動域外探索最重要的三大群體是政府官軍、宗教信徒和民間商人。〔註1〕

　　前人研究絲綢之路時，往往關注佛教徒、天主教徒，而忽視了道教徒。道教是中國本土產生的宗教，源遠流長，其源頭可以追溯到上古。道教對中華文化的影響很深。

　　老子是眞正的集大成者，孔子是老子的學生，孔子說：「鳥，吾知其能飛。魚，吾知其能遊。獸，吾知其能走。走者可以爲罔，遊者可以爲綸，飛者可以爲矰。至於龍，吾不能知其乘風雲而上天。吾今日見老子，其猶龍邪。」孔子不敢說自己超過老子，他的學問也確實沒有超過老子。孔子不喜歡討論生死、神鬼等哲學根本問題。儒家討論的很多流俗問題，就像鳥獸蟲魚那樣普通。但是道家討論的是哲學的根本問題，這才是難以超越的神龍。所以孔子顯然不能稱爲集大成者，至少在老子面前還是學生。《孟子·萬章下》說：「孔子之謂集大成。」這不過是儒家的自我吹噓，好像河伯未曾見到大海。其實所謂的儒家思想中，有很多來自更早的道家。儒家和道家的關係，是中國哲學史上的最重要問題之一，本書無法展開，我將在另書詳述。

　　道教文化也對中國周邊文化乃至世界文化產生了深遠影響，道教文化歷久彌新，長盛不衰，對我們今天的生活仍然有很大價值。道教的平衡、自然、博愛等重要思想和在科技、養生、生態等方面的追求，對人類文明的未來發展都有重要意義。

　　道家一直關注海洋，《老子》說：「江海之所以能爲百谷王，以其善下之，故能爲百谷王。」又說：「上善若水，水善利萬物而不爭。」又說：「天下莫

〔註1〕周運中：《中國南洋古代交通史》，廈門大學出版社，2015年，第3～4頁。

柔弱於水，而攻堅強者莫之能勝。」道家崇拜水，海是最大的水體。《老子》又說：「我獨異於人，而貴食母。」海字就是水和母的合成，大海在大地最低窪的地方，但是最廣博。大海由柔弱的水組成，但是有強大的力量。道家推崇以柔克剛，大海就是最好的例子。因為《老子》篇幅太短，所以未能展開敘述大海，莊子講的大海故事就很多。關於道家和水的密切關係，前人已有不少研究，本處無法展開，將來另有專著詳述。

莊周在《莊子》的開篇《逍遙遊》就講了一個鯤鵬變化的宏大故事，提到北溟的鯤（鯨），遷徙到南溟。特別說到海運，也即海潮的流向，黃海的沿岸流確實是常年南流。莊子說故事的來源是《齊諧》，也即齊國人的故事。莊子是宋國人，靠近齊國，文化也比較接近。燕齊方士是中國上古最著名的航海探險家，所以才有這樣壯闊的故事。

莊子在《秋水》篇說，河伯自以為了不起，到了海邊，望洋興歎，悟出了天外有天的道理。其實這裡的河伯是隱喻黃河流域內陸人，也即所謂中原人。莊子熟悉燕齊航海家，熟悉海外故事，在他眼中，到了海外，還大有天地。莊子是宋人，宋國繼承商朝，屬東方文化。打敗商朝的周人來自西北，屬西方文化。周人重視農業，是典型的黃河流域內陸民族。儒家思想源自內陸農業民族，所以河伯的故事其實是在說儒家。

齊國和宋國原來同屬一個文化圈，在新石器時代，源自山東的大汶口文化就向西到達河南省中部。周人東征，封建魯國，才把周文化插入齊、宋之間。很多人關注齊、魯文化，忽視了宋文化。宋國是周人保留的商朝殘部，所以被很多人瞧不起。其實宋國文化不僅非常特別，而且對中國文化的影響很大。老子、莊子都是宋人，研究道家、道教不能忽視其母體宋文化。

莊子在《天地》篇還說，東海之外有大壑，這個大壑又見於《山海經‧大荒東經》和《列子‧湯問》。《列子》說蓬萊、方丈、瀛洲、員嶠、岱輿這五大神山就在大壑的海潮中，這正是徐福東渡尋找的仙山，可見莊子早已聽說了海外仙山的故事。

前人對道教與海上絲綢之路的關係也有關注，最引人注目的是徐福東渡。不僅史學界關注，道教學界也有關注。〔註2〕徐福東渡是中外關係史上的大事，對日本文化的發展至關重要，甚至可能直接關係日本國的出現。因為

〔註 2〕李養正：《應重新評價徐福之東航》，李養正著、張繼禹編訂：《道教經史論稿》，華夏出版社，1995 年，第 505～522 頁。

非常重要，所以本人將在另一本專著中，專門研究徐福東渡。

　　我們要看到，徐福東渡不是突然出現。在徐福之前，戰國時期的燕齊方士已經在海上航行了數百年，而且有很多重要發現，這才導致齊國人鄒衍提出了大九州說，認為中國周圍的小海之外，還有大洲，大洲之外，還有大洋。如果沒有燕齊方士的基礎，徐福不可能率領船隊、百工和童男女，出海多年，一去不回，在海外建國稱王。

　　徐福也不是同時代唯一東渡的人，戰國秦漢之際，很多人東渡到韓國、日本等地，《三國志》卷三十《東夷傳》說：「辰韓在馬韓之東，其耆老傳世，自言古之亡人避秦役來適韓國，馬韓割其東界地與之。有城柵。其言語不與馬韓同，名國為邦，弓為弧，賊為寇，行酒為行觴。相呼皆為徒，有似秦人，非但燕、齊之名物也。名樂浪人為阿殘；東方人名我為阿，謂樂浪人本其殘餘人。今有名之為秦韓者。」秦韓在今韓國東南部，其北部是山地，陸路交通不便，中國移民主要是從海路來到此地。

　　其實在徐福之後，也有很多道士往來於海上。這些道士甚至到達徐福所居的島嶼，也包括很多其他島嶼。可惜這些重要記載，為前人忽視。我以前也未曾注意，所以我這本書，專門考證道士在海上航行的歷史。

　　道士們不管是自己航海，還是收集航海的資料，都為我們留下了大量珍貴的典籍。可惜這些珍貴的典籍，往往被前人看成是小說。我因為很早就喜歡看《山海經》，也長期研究《山海經》。中國古代早期的域外地理資料往往蘊藏在方士書中，首推《山海經》。

　　胡厚宣發現，《山海經》記載的四方名與四方風名竟在商代甲骨文中有完全對應的記載，而《尚書‧堯典》竟把四方神改為四方民。〔註3〕可見看似荒誕的《山海經》反而可信，而看似威嚴的《堯典》反而是儒家篡改。《莊子‧天地》所說的苑風，就是《山海經》和甲骨卜辭的北風宛風，可見莊子也熟悉這些內容。《莊子》看似滑稽，其實反而可信。因為宋人繼承商朝，所以莊子才能瞭解商文化。老子、莊子都是宋人，道家文化誕生於東方的齊宋文化圈。《山海經》也誕生於東方的齊宋文化圈，《山海經》中的地理內容多有根據，我已有證明。〔註4〕關於《山海經》，我另有專著。

〔註3〕胡厚宣：《甲骨文四方風名考證》，《甲骨學商史論叢初集》，河北教育出版社2002年版，第265～276頁。

〔註4〕周運中：《〈山經〉南方諸山考》，《長江文化論叢》第4輯，中國文史出版

　　我也一直很喜歡讀漢魏六朝的各種筆記小說，包括《西京雜記》、《漢武帝別國洞冥記》、《神異經》、《十洲記》、《博物志》、《南方草木狀》、《搜神記》、《搜神後記》、《拾遺記》、《異苑》、《幽明錄》等。

　　我已指出東漢方士所編的《神異經》，記載了南洋火山、石棉、西伯利亞猛獁象、蘇拉威西鹿豚。有的記載不僅是中國最早，也是世界最早。〔註5〕葛洪《太清金液神丹經》系統抄錄南洋地理，學者早有關注，我也有考證。〔註6〕

　　雖然如此，長期以來，我也把這些書當成小說。但是我在已有成果《鄭和下西洋新考》、《中國南洋古代交通史》、《正說臺灣古史》等書的基礎上，〔註7〕終於發現，其實這些書本來都有依據。特別是《拾遺記》卷十《諸名山》，可以幫我們破解上古東南海外蓬萊、方壺、瀛洲、員嶠、岱輿五大神山的真相，原來就是呂宋島、澎湖島、臺灣島、屋久島、九州島！我的這一發現，先在《海交史研究》發表，〔註8〕又收入《正說臺灣古史》。〔註9〕此前我認為蓬萊山是婆羅洲（加里曼丹島），現在修訂為呂宋島。

　　此文發表後，遭到某人批評，他說這些小說完全不可信，現代人已將歷史和神話完全分開，又說《拾遺記》不是上古之書，說《列子》記載五大神山在渤海，所以不是我考證的地方。〔註10〕我認為，此人未受過史學訓練，不懂考據學基礎知識，不知王國維早已說過：「上古之事，傳說與史實混而不分。史實之中，固不免有所緣飾，與傳說無異。而傳說之中，亦往往有史實之素地。二者不易區別，此世界各國之所同也。」〔註11〕

　　　　社，2006 年。周運中：《〈山海經〉崑崙山位置新考》，《中國歷史地理論叢》2008 年第 2 期。周運中：《〈山海經‧東山經〉地理新釋》，《古代文明》2011年第 3 期。周運中：《〈山海經‧西山經〉地理新釋》，《古代文明》2012 年第 1 期。

〔註5〕周運中：《中國南洋古代交通史》，第 109～111 頁。

〔註6〕饒宗頤：《〈太清金液神丹經〉（卷下）與南海地理》，《饒宗頤二十世紀學術文集》卷七《中外關係史》，中國人民大學出版社 2009 年版，第 5～54 頁。周運中：《中國南洋古代交通史》，第 87、131～149 頁。

〔註7〕周運中：《鄭和下西洋新考》，中國社會科學出版社，2013 年。周運中：《正說臺灣古史》，廈門大學出版社，2016 年。

〔註8〕周運中：《上古東南海外五大神山考實》，《海交史研究》2015 年第 1 期。

〔註9〕周運中：《正說臺灣古史》，廈門大學出版社，2016 年，第 71～86 頁。

〔註10〕施存龍：《方壺山非澎湖島亦非濟州島論》，《海交史研究》2017 年第 1 期。

〔註11〕王國維：《古史新證》，清華大學出版社，1994 年，第 1 頁。

　　余嘉錫早已指出，古書往往不成於一時一地一人之手。〔註12〕中國古籍，浩如煙海，陳陳相因，關係錯綜複雜。事實上我們現在看不到一本未被改編的古書。《論語》的作者不是孔子，也不是某個人。諸子的書往往分內外篇，都是經過門人整理。古書依靠傳抄，又有很多版本。他們在傳抄過程中，往往加入自己的見解。後人分不清，以爲是原作者的話，一併傳抄。

　　顔之推《顏氏家訓》卷十七《書證》說：

　　　　或問：「《山海經》夏禹及益所記，而有長沙、零陵、桂陽、諸暨，如此郡縣不少，以爲何也？」

　　　　答曰：「史之闕文，爲日久矣。加復秦人滅學，董卓焚書，典籍錯亂，非止於此。譬猶《本草》，神農所述，而有豫章、朱崖、趙國、常山、奉高、眞定、臨淄、馮翊等郡縣名，出諸藥物。《爾雅》周公所作，而云張仲孝友。仲尼修《春秋》，而經書孔丘卒。《世本》左丘明所書，而有燕王喜、漢高祖。《汲冢瑣語》，乃載秦望碑。《蒼頡篇》李斯所造，而云：『漢兼天下，海內並廁，豨黥韓覆，畔討滅殘。』《列仙傳》劉向所造，而贊云七十四人出佛經。《列女傳》亦向所造，其子歆又作頌，終於趙悼后，而傳有更始韓夫人、明德馬后及梁夫人嫕。皆由後人所羼，非本文也。

　　有人看到《山海經》中出現了西漢地名就說《山海經》出自僞造，但是顔之推說，古書中多有後人增益，不能因爲這些內容就判定古書的年代很晚。這樣簡單的道理，現在還有人想不通。有的人宣稱掌握了現代科學，但是還不如古代人明白。

　　一本書的形成非常複雜，往往含有很多時代的成分，我們需要仔細分析，絕不能簡單斷定。現在我們看到的《拾遺記》就是經過蕭綺整理的王嘉著作，王嘉又利用了很多前代資料。

　　如果某人傳抄古書出錯，我們不應責備他，反而還要感謝他，否則我們就看不到這本書。同樣，如果某人改編了古書，我們也要感謝他！如果沒有他的改編，我們很可能也看不到這本書。

　　我所推崇的這些書當然經過道士改編，所以有很多變形，包括誇大、鋪排、移位、曲解等改編法。比如說某山高達兩萬里，我也不信，正常人都不

〔註12〕余嘉錫：《古書通例》，北京：中華書局，2009年。

會相信。但是學者的任務不是苛責古人、厚誣先賢，不是粗暴否定、輕易拋棄。

我認爲，《拾遺記》的五大神山記載，固然經過改編，有很多誇大的成分。但是如此珍貴的資料，現在僅能通過《拾遺記》看到。我們首先應該感到慶幸，應該感謝王嘉、蕭綺以及歷代傳承這些資料的人，而不是指責《拾遺記》的改編，更不能否定其中原始資料。

高水平的學者是沙裏淘金，而不是沙裏淘沙。這些書中不可信的成分是沙，可信的成分是金。他看到了沙，我看到了金。

歷史學家不能全信古書，必須對比，《列子》說五大神仙在渤海之東，而《莊子》、《山海經》都說在東海，其實張華《博物志》說東海之東還有渤海，所以不能憑《列子》一句話就說五大神仙都在今天的渤海。如果都在今天的渤海，近在咫尺，還需要徐福出海數年嗎？《列子》說在渤海之東，因爲燕齊方士從渤海啓航，所以從渤海說起。

地質學家看到扭曲、錯位的地層，不會說這些地層出自僞造。歷史學家看到扭曲、變形的史料，也不能說這些史料出自僞造。如果每個人都能看到歷史原貌，就不需要學者了。學者的任務就是還原歷史過程，這不是普通人都能做到。

我還原歷史的方法是結合漢語音韻學、民族語言學、地理學、生物學、考古學和歷史學，如果沒有多學科方法和豐富的知識，我們自然不可能從中發現眞相，也就得不到樂趣。

我發現這些書的作者，很多是道士，他們記載了：

象山縣的紅岩、霍童山的滴水岩、澎湖島和望安島的文石、柚子、臺灣的硫磺、木瓜、榕樹、鹿、藍鵲、海船、鯨魚、鼻笛、皇帶魚

屋久島的巨杉、海龜、黑潮、沖繩島的茅服、九州島的火山、沙灘、礦物、美洲的蜂鳥、日本海的帝王蟹、楚科奇的風俗、貝加爾湖的鰉魚、東北的耐寒水稻、人參

西域的奶酪、啤酒、瘤牛、齊墩果、哈密瓜、阿勃參樹、茉莉花、胡椒、指甲花、香料、海棗

雲南的茶、老撾的巨龜、南洋的鸚鵡螺、極樂鳥、白鸚鵡、鯊魚皮、黃蠟、玳瑁、犀牛皮、珍珠、榴蓮、椰子、菠蘿蜜、麵包果、燕窩、紫膠、海蜇、象牙參、海杧果、巨竹、江獺、火山、石棉、狐蝠……

　　道士的書中還記載了臺灣海峽的潮汐、黑潮、北太平洋環流菲律賓的颱風和地震，甚至記載了中國大陸和澎湖島、臺灣島、呂宋島的相對位置，甚至還有距離，這些最早的航海針位記載，說明漢代中國人航海已經使用羅盤。

　　這些記載，很多不僅是中國最早的記載，也是世界最早的記載，價值不言而喻。這些記載有很多爲考古發現印證，爲西方文獻印證，證明古人的活動往往超出我們的想像。

　　很多人誤以爲道士追求清靜無爲，所以對海外探險不感興趣。其實恰好相反，道士爲了追求長生不老的靈丹妙藥，往往跋涉在名山大川，航行在汪洋大海。道士往往比一般人更有海外探險的激情，比如《晉書》卷七十二《葛洪傳》，說葛洪有功而受封關內侯，到了晚年，想去交趾（今越南）找丹砂，求做句漏縣令，不顧皇帝的勸阻，到了廣州。古代的嶺南被中原人視爲畏途，葛洪不顧年老位高，爲了煉丹而南行。

　　再如郗鑒、陶弘景、周子良、許邁、王羲之等人都曾經到浙江的玉環島，唐代人整理的全國洞天福地，有七分之一在今溫州、台州、寧波。而六朝人所說的洞天福地，還包括澎湖、臺灣、屋久島等海外島嶼。傳說有很多道士到過臺灣等地，這在當時已經很了不起。

　　道士們不僅到海外探險，還收集各地的奇珍異寶，採藥煉丹。《梁書》卷五十一《陶弘景傳》說：「性好著述，尙奇異，顧惜光景，老而彌篤。尤明陰陽五行、風角星算、山川地理、方圖產物、醫術本草。著《帝代年曆》，又嘗造渾天象，云修道所須，非止史官是用。」〔註 13〕陶弘景不僅通曉數學、地理、醫學、天文學，還造渾天儀，可見道士的知識非常廣博。

　　前人對道教煉丹術與中外文化交流已有一些研究，〔註 14〕我又發現葛洪的書中記載道士把海星、鮑魚當成藥物。道士的書中還記載海南島人以薯類爲主食，認爲這是他們長壽的原因。漢代象林縣人桂父販賣的龜腦、桂皮被道家重視。因爲道教追求長生不老，所以特別關注醫學、生物學、地理學。

　　陶弘景《答朝士訪仙佛兩法體相書》說：「形神合時，則是人是物。形神若離，則是靈是鬼。其非離非合，佛法所攝，亦離亦合，仙道所依。」道教追求的是本身的長生不老，佛教追求的是未來而非此生。所以佛教認爲無所謂形神離合，本來都是虛空，所以說是非離非合。而道教認爲形神可以離合，

〔註 13〕〔唐〕姚思廉：《梁書》，北京：中華書局，1973 年，第 743 頁。
〔註 14〕韓吉紹：《道教煉丹術與中外文化交流》，北京：中華書局，2015 年。

可以通過尸解成仙，所以說是亦離亦合。佛教的長處是注重哲理，缺點是忽視現實。道教更加入世，所以特別關注科技。

因爲道士追求長生不老，必須廣泛收集世界各地的珍貴生物、礦物，服用養生。《弘明集》卷八的劉勰《滅惑論》說：「佛法練神，道教練形。」道安《二教論》說：「佛法以有生爲空幻，故忘身以濟物。道法以吾我爲眞實，故服餌以養生。」《廣弘明集》卷九的甄鸞《笑道論》說：「道會不齋，以主生，生須食也。佛會持齋，以主死，死不食也。」《弘明集》卷十三的顏延之《庭誥》說：「爲道者，蓋流出於仙法，故以練形爲上。崇佛者，本在於神教，故以治心爲先。練形之家，必就深曠，反飛靈，餌丹石，粒芝精。所以還年卻老，延華駐彩。欲使體合纁霞，軌遍天海。」

道教也通過海路向海外傳播，比如記載道教傳入韓國過程的《海東傳道錄》，就涉及航海，因爲我想在以後的專著中討論道教的海外傳播，所以本處就不再贅述了。

道士們通過到海外遊歷，或者接觸來往於中外的人，也吸納了很多海外風俗。佛教對道教的影響自然不必說，還有很多風俗爲人忽視，比如蒙文通注意到《隋書》卷八十二《林邑》說在今越南中南部的林邑國：「王死七日而葬，有官者三日，庶人一日。皆以函盛屍，鼓舞導從，輿至水次，積薪焚之。收其餘骨，王則內金甕中，沉之於海，有官者以銅甕，沉之於海口。庶人以瓦，送之於江。男女皆截髮，隨喪至水次，盡哀而止，歸則不哭。每七日，然香散花，復哭，盡哀而止。盡七七而罷，至百日、三年，亦如之。」蒙文通認爲現在中國喪葬中的七七、百日，可能與此有關，道教還有不少習慣來自邊疆民族。〔註15〕我認爲，蒙文通等人的看法合理。因爲本書專論航海，所以道教與內陸邊疆民族習俗的關係不再贅述，容以後另有專著考證。

前人之所以未能發現道士在海外地理學上的成就，有歷史原因，也有現實原因。歷史原因有很多，包括儒家思想、佛教、伊斯蘭教、摩尼教、基督教擴張對道教的抑制，還有明清海禁對中國航海事業的摧殘，也有道教自身思想轉變的原因等。因爲從唐代開始道教和海洋關係，比起六朝時期有所疏遠，所以到了宋代，東南沿海的主要宗教是佛教。北宋眞宗天禧五年（1021年），統計各路的僧人、道士數量，僧人有 397000，尼姑 61000 多。道士僅有

〔註15〕蒙文通：《天師道與西南民族》，《圖書集刊》第六期，收入《蒙文通全集·甄微別集》，巴蜀書社，2015 年，第 164 頁。

19600，女冠 700 多，僧人數量是道士的 22 倍。僧人以兩浙路最多，有 82220 人。其次是福建路，有 71080 人。而福建、江南在六朝時期本來是道教興盛之地，反映了道教在東南沿海的相對衰落。道士以川峽路最多，有 4653 人。其次是江南路，有 3557 人。其次是廣南路，有 3079 人。其次是兩浙路，有 2547 人。廣南路的總人口不多，但是道士數量排名靠前。江南路的道士數量最多，主要是因為江西道教興盛，而兩浙路、福建路的道士數量排名及在人口中的比例排名都偏低。〔註16〕

　　總之，從唐代開始，道教在海上絲綢之路中的開拓地位逐漸下降。這也使唐代之前道教與航海的密切關係為人遺忘，這個絕大的遺憾。

　　我這本書就是彌補這個遺憾，《老子》說：「天之道，損有餘而補不足。」我把研究不足的歷史講出來，正是順應天道。

〔註16〕《宋會要輯稿・道釋》1 之 13，原文兩浙路數字誤為 2220，用全國總數除去其他各路數字可知是 80398，故權改為 82220，見程民生：《宋代地域文化》，河南大學出版社，1997 年，第 260 頁。

第一章　燕齊方士的海外探險

　　齊國是春秋戰國時代中原華夏諸國中海洋性最強的大國，齊人擅長航海與經商，《史記》卷三十二《齊世家》說西周初年，姜尚在齊地立國之始，即：「因其俗，簡其禮，通商工之業，便魚鹽之利，而人民多歸齊，齊爲大國。」〔註1〕《史記》卷三十《平準書》說：「齊桓公用管仲之謀，通輕重之權，徼山海之利，以朝諸侯。」〔註2〕《管子‧海王》記管仲上官山海之策，用鹽鐵富國，而海鹽是齊國特產，故名海王。

　　燕國原來地處北邊，隔絕華夏，連西周的歷史也沒有傳承，更沒有航海史料。但是戰國晚期，燕國迅速崛起。燕國通過沿海與齊國交通，又向遼東和朝鮮擴張，燕齊兩國的方士拉開了華夏族海外探險的序幕。

一、燕齊方士與大瀛海、大九州

　　《史記》卷二十八《封禪書》說：

> 自齊威、宣之時，騶子之徒論著終始五德之運，及秦帝而齊人奏之，故始皇採用之。而宋毋忌、正伯僑、充尚、羨門高，最後皆燕人，爲方仙道，形解銷化，依於鬼神之事。騶衍以陰陽主運顯於諸侯，而燕齊海上之方士傳其術不能通，然則怪迂阿諛苟合之徒自此興，不可勝數也。

> 自威、宣、燕昭使人入海求蓬萊、方丈、瀛洲。此三神山者，其傳在勃海中，去人不遠。患且至，則船風引而去。蓋嘗有至者，諸仙人及不死之藥皆在焉。其物禽獸盡白，而黃金銀爲宮闕。未至，望

〔註1〕〔漢〕司馬遷：《史記》，北京：中華書局，1959年，第1480頁。
〔註2〕〔漢〕司馬遷：《史記》，第1442頁。

之如雲。及到，三神山反居水下。臨之，風輒引去，終莫能至云。世主莫不甘心焉。及至秦始皇併天下，至海上，則方士言之不可勝數。

　　始皇自以為，至海上而恐不及矣，使人乃齎童男女，入海求之。船交海中，皆以風為解，曰未能至，望見之焉。其明年，始皇復遊海上，至琅邪，過恒山，從上黨歸。後三年，遊碣石，考入海方士，從上郡歸。後五年，始皇南至湘山，遂登會稽，並海上，冀遇海中三神山之奇藥。不得，還至沙丘崩。〔註3〕

　　齊威王、齊宣王的時代，齊國的方士就瞭解到了東海的很多知識。這種風氣又北傳到了燕國，戰國時期的燕、齊方士往來於海上，求仙問藥，所以秦代才有齊人徐福東渡，秦漢的山東方士很多出自戰國的鄒衍門徒。

《史記》卷七十四《孟子荀卿列傳》云：

　　齊有三騶子。其前騶忌……先孟子。其次騶衍，後孟子。騶衍睹有國者益淫侈，不能尚德，若大雅整之於身，施及黎庶矣。乃深觀陰陽消息而作怪迂之變，《終始》、《大聖》之篇十餘萬言。其語閎大不經，必先驗小物，推而大之，至於無垠。先序今以上至黃帝，學者所共術，大並世盛衰，因載其禨祥度制，推而遠之，至天地未生，窈冥不可考而原也。先列中國名山大川，通谷禽獸，水土所殖，物類所珍，因而推之，及海外人之所不能睹。稱引天地剖判以來，五德轉移，治各有宜，而符應若茲。以為儒者所謂中國者，於天下乃八十一分居其一分耳。中國名曰「赤縣神州」，「赤縣神州」內自有九州，禹之序九州是也，不得為州數。中國外如「赤縣神州」者九，乃所謂九州也。於是有裨海環之，人民禽獸莫能相通者，乃為一州。如此者九，乃有大瀛海環其外，天地之際焉。〔註4〕

　　鄒衍的大九州說認為，中國內部的九州只占世界的八十一分之一，九州外面還有八個和九州一樣大小的九州，這九個九州外面是裨海，就是小海。《史記索隱》：「裨海，小海也。九州之外，更有大瀛海，故知此裨是小海也。且將有裨將，裨是小義也。」今按裨通卑，卑即小。再往外面，還有八個和裨海裏面九個九州類似的地區，外面是大瀛海。

　　鄒衍的書中原來應該有對海外地理的詳細描述，否則不能說服人。他的

〔註3〕〔漢〕司馬遷：《史記》，第1368～1370頁。
〔註4〕〔漢〕司馬遷：《史記》，第1344頁。

《終始》、《大聖》有十多萬字，地理著作也不會少。很可惜他的這些書都沒有保存下來，說明中國人對海外地理還不是太關心。至於《山海經》等書，或許和鄒衍的書有一定關係，但我們看不出其中有大九州的直接表述。

大瀛海，其實就是我們現在說的大洋，因為瀛就是洋，西漢揚雄《方言》卷十一：

> 蠅，東齊謂之羊。（郭璞注：此亦語轉耳，今江東人呼羊聲如蠅。）〔註5〕

東齊就是齊國東部，即今膠東，這裡的人把蠅讀作羊。語言學家通過《方言》全書的記載，推測西漢時代的東齊是一個特殊方言區。〔註6〕今天從山東省西北部到日照一帶，蒼蠅仍然讀作蒼羊。〔註7〕我們可以推測在鄒衍的時代，經常在海上航行的東齊人知道黃海、東海之外還有一個大洋，就是我們今日所謂的太平洋，已經區分了海、洋。

東齊人把中原人的 ieng 都讀作 iang，所以瀛這個字讀出來就是 iang，也就是後世的洋字。上文引《越絕書》說越人稱海為夷，其實就是瀛，讀音極近，這也證明膠東的夷文化確實受到越文化的強烈影響。

因為東夷是北遷的越人，所以瀛、夷的語源與南島語同源，根據法國學者費羅禮（Raleigh Ferrell）調查的臺灣各族語言，我們發現，噶瑪蘭、布農、阿美三族的海字讀音最近瀛、夷，其次是排灣、卑南、達悟（雅美）三族語言，費羅禮特別在排灣語的海字之下注達悟族的海字 laut，表示二者關係，laut 即馬來語。〔註8〕根據語言學家研究，東南臺灣諸族語言存古較多，分子人類學也證實此點，詳見我關於臺灣古史專著第二章第一節關於人字、第六章第四節關於魚字的考證。

大陸東部	海	東臺灣	海	東南臺灣	海
越	ʎiei（夷）	噶瑪蘭	Ziín，la：zín，rzin，zrin	排灣	lávək
萊	ʎiang（瀛）	布農	Ninʔav	卑南	ləvək
		阿美	riár	達悟	ʔatáu、laut

〔註5〕〔漢〕揚雄著、周祖謨校箋：《方言校箋》，北京：中華書局，1993 年，第 70 頁。
〔註6〕周振鶴、游汝傑：《方言與中國文化》，第 79 頁。
〔註7〕錢曾怡：《揚雄「蠅，東齊謂之羊」古今考》，《中國語文》2019 年第 4 期。
〔註8〕〔法〕費羅禮：《臺灣土著族的文化、語言分類探究》，中研院民族學研究所，1969 年，第 100 頁。

　　鄒衍學說裏裨海的原型就是黃海、東海、南海、日本海（韓國稱東海）等邊緣海，裨海所環繞的中九州的原型，就是朝鮮半島、庫頁島、日本列島、琉球群島、臺灣列島等半島、列島，雖然這些半島、列島的面積不能和大陸相比，但是在上古時期，測量條件很落後，這些半島、列島的人口又很稀少，很多地區沒有開發，所以人們只知道這些半島、島嶼的存在，並不清楚它們的面積大小。《山海經》的《海經》出自燕齊之地，《山海經》原有配圖，燕齊方士應有簡單的海圖。直到明代，洪武二十二年（1389 年）所繪的《大明混一圖》上的日本列島還是被誇張得很大，琉球群島的主島沖繩島在地圖上比臺灣島還要大。明代尚且如此，上古時就可以更想見了。所以鄒衍自然把西太平洋的這個島鏈也當成一些和九州並列的州，進而構建出大九州說。

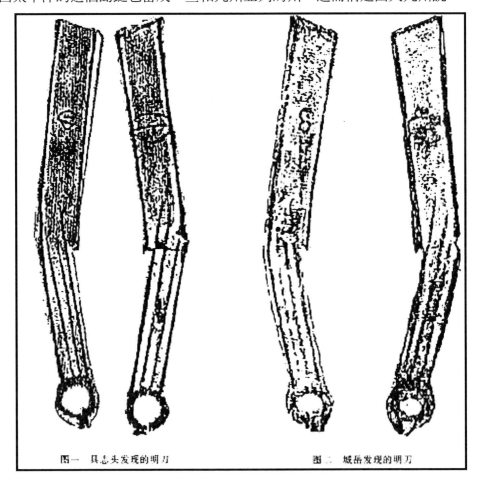

沖繩島發現的戰國時燕國貨幣——明刀

朝鮮半島北起慈江道、平安北道、平安南道，南至全羅南道曾經出土燕國貨幣明刀，日本西北部的廣島縣、佐賀縣也曾發現，1922 年沖繩縣那霸市城岳貝冢出土還出土了兩枚戰國時期的燕明刀，由於不是正式發掘，有人懷疑是伴隨彌生時代物品出土，但是沖繩國際大學高宮廣衛研究表明當地未發現彌生時代物品，所以不必懷疑傳入時間較晚，〔註9〕李學勤據此認為戰國時期就存在遼東到朝鮮、日本、琉球的航線。〔註10〕

另有學者指出這些地點和洋流有關，〔註11〕即使上古的中國人沒有到達沖繩一帶，也說明沖繩等地和燕國有間接往來，燕齊的海上航行者也一定可以聽到「大壑」的傳說。

山東省青州市戰國齊王墓出土了來自波斯地區的銀盒，口沿有埃蘭文，年代大約在西元前 9～6 世紀，山東半島戰國古墓還出土了來自地中海東岸地區的玻璃珠，〔註12〕這些都證明了齊國在海外交通範圍很廣，來自西亞的文物很可能是經過華南沿海轉運到山東半島。

《孟子·梁惠王下》：「昔者齊景公問於晏子曰：吾欲觀於轉附、朝儛，遵海而南，放於琅邪。」這是中國最早的君主涉海記載，轉附應即今煙台市芝罘島。芝罘島原為島嶼，因為離岸較近，所以在海峽自然發育了沙嘴，聯結島嶼和大陸，使得芝罘灣成為良港。

新石器時代，膠東的大汶口文化與龍山文化已經和遼東的原始文化有密切交流。〔註13〕《史記》卷四十六《田敬仲完世家》：「（田齊）太公乃遷（姜齊）康公於海上，食一城，以奉其先祀。」〔註14〕這個海上一城，以往不知在何處。1973 年、1975 年、1985 年，考古學者對山東長島縣南長山島王溝村墓群進行了三次發掘，發現墓葬四十多座，規模宏大，物品豐富，且有王室禮器，時間在春秋晚期到戰國中期，突然出現在島上，很不尋常，因此學者認為康公最後所居的一城就在南長山島，此地東面還有地名城子頂。〔註15〕這說明齊國很早就管轄到了今長島縣的廟島群島，在海上有很

〔註 9〕 蔡鳳書：《遠古至秦漢時代的中日交流》，《文史哲》1992 年第 3 期。
〔註 10〕 李學勤：《沖繩出土明刀論介》，《中國錢幣》1999 年第 2 期。
〔註 11〕 汪向榮：《古代中日關係史話》，時事出版社，1986 年，第 16 頁。
〔註 12〕 林梅村：《絲綢之路考古十五講》，北京大學出版社，2005 年，第 105 頁。
〔註 13〕 佟偉華：《膠東半島與遼東半島原始文化的交流》，煙台市文物管理委員會、煙台市博物館編：《膠東考古研究文集》，齊魯書社，2004 年，第 81～96 頁。
〔註 14〕 〔漢〕司馬遷：《史記》，第 1886 頁。
〔註 15〕 林仙庭：《「遷康公於海上」地望考》，《管子學刊》1992 年第 2 期。林仙庭：《山

大的影響力。

《史記·封禪書》：

> 於是始皇遂東遊海上，行禮祠名山大川及八神，求仙人羨門之
> 屬。八神將自古而有之，或曰太公以來作之……其祀絕莫知起時。
> 八神：一曰天主，祠天齊。天齊淵水，居臨菑南郊山下者。二曰地
> 主，祠泰山梁父。蓋天好陰，祠之必於高山之下，小山之上，命曰
> 畤。地貴陽，祭之必於澤中圜丘云。三曰兵主，祠蚩尤。蚩尤在東
> 平陸監鄉，齊之西境也。四曰陰主，祠三山。五曰陽主，祠之罘。
> 六曰月主，祠之萊山。皆在齊北，並勃海。七曰日主，祠成山。成
> 山斗入海，最居齊東北隅，以迎日出云。八曰四時主，祠琅邪。琅
> 邪在齊東方，蓋歲之所始。〔註16〕

齊國東部神祠地圖〔註17〕

八神祭祀地，內陸三處，沿海五處，天主在齊國都城，地主在魯地，這
與政治有關。兵主在魯西，因為齊國三面環海，只有魯西需要設防。四時主

東王溝東周墓群》，《考古學報》1993 年第 1 期。

〔註16〕 〔漢〕司馬遷：《史記》，第 1367 頁。

〔註17〕 底圖來自譚其驤主編《中國歷史地圖集》第一冊，中國地圖出版社，1982 年，
第 39～40 頁。黑體字是本書添加。

在齊地最東南的琅邪，這裡是齊長城的最東端，所以天地是南北對稱，兵主、四時主是東西對稱。四時之始象徵出生，兵主象徵刑殺，所以也是對立。陽主在芝罘島，陰主三山在今萊州市三山島，日主在成山頭，月主在龍口市萊山，學者已經指出這些祭祀地附近的東夷文化遺址。〔註18〕從地理來看，陰陽之中是蓬萊、棲霞、招遠的山區，日月二主之中是文登、乳山、海陽的山區，也在山區兩側。山的東面為陽，西面自然是陰。之所以以這兩片山區為中心，就是因為八神的東部四神不是源自齊人，而是來自東夷的萊人，膠東半島原來是萊人家園，後來被齊人征服，但是直到漢代還保留了特有的東齊方言。

煙臺陽主廟（周運中攝於 2007 年 8 月 8 日）

萊人的中心正是四神中心的山區，《漢書》卷三十八《地理志下》東萊郡黃縣說：「有萊山、松林萊君祠。」又說弦縣：「有百支萊王祠。有鹽官。」〔註19〕這兩個縣都在今龍口市，有兩個萊王祠，說明這片地區是萊人的宗教

〔註18〕　林仙庭：《齊地八神與東夷古國》，《膠東考古研究文集》，第 360～363 頁。

〔註19〕　〔漢〕班固：《漢書》，北京：中華書局，1962 年，第 1585 頁。

核心區。萊山以北的歸城古城出土多種重要文物，被認爲是萊國都城。〔註20〕東漢省縣，蓬萊縣之東只有牟平、東牟、昌陽、長廣四縣，可是龍口境內的這兩個縣還都保留，而且東萊郡治從掖縣（治今萊州市）移到了黃縣，說明黃縣地位重要。齊東四神的地理分布說明齊東的文化核心是萊文化，齊國的航海文化是萊夷主導的。

先秦戰爭的詳細記載很多，但是海戰記載很少，除了上述吳國海軍伐齊，還有《戰國策·趙策二》首篇蘇秦說趙王曰：「秦攻燕則……齊涉渤海。」說明齊國也有海軍，海戰的詳細記載則僅有《管子·輕重甲》的一則：

> 桓公曰：「天下之國，莫強於越。今寡人慾北舉事孤竹、離枝，恐越人之至，爲此有道乎？」管子對曰：「君請遏原流，大夫立沼池，令以矩遊爲樂，則越人安敢至？」桓公曰：「行事奈何？」管子對曰：「請以令隱三川，立員都，立大舟之都。大身之都有深淵，壘十仞。令曰：能遊者賜千金。」未能用金千，齊民之游水不避吳越。桓公終北舉事於孤竹、離枝，越人果至，隱曲薔，以水齊。管子有扶身之士五萬人，以待戰於曲薔，大敗越人。此之謂水豫。

這一段講齊、越之戰，齊桓公時代不僅越國沒有興起，吳國尚未興起，而《管子》是戰國齊人之作，託名管仲，所記多戰國事，所以這一段是戰國事。此時越國強大，才能以海軍北伐齊國。

春秋末年已有吳人徐承從海路伐齊，戰國時越人從海路伐齊很正常。安井衡說員都即圓渚，王念孫說大身之都即大舟之都之形訛，孫詒讓說扶身之士即扶舟之士之形訛，〔註21〕皆是。齊國在海濱改造河流，製造深湖，設置大船，招募水兵五萬人。戴望說曲薔是曲菑之形訛，即淄水之曲。此說待考，因爲臨淄太遠，越人要繞過山東半島才能到淄博之北。路程太遠，糧草難備，所以曲薔可能是另外一個地名，可能在山東東南部。或者是曲都（渚）之形訛，即湖灣。越人試圖水淹齊軍，被齊人發現，越人大敗。

越國海軍大舉伐齊，說明齊、越之間的海路很成熟，平時的商船也很多。因此燕齊方士才能沿海南下吳越，瞭解南方沿海地名，寫在《山海經》中。因此來自南洋的商品才能通過吳越北上，齊人墓中才有西亞的商品。

〔註20〕林仙庭：《齊地八神與東夷古國》，《膠東考古研究文集》，第361頁。
〔註21〕馬非百：《管子輕重篇新詮》，北京：中華書局，1979年，第522～525頁。

二、大壑與黑潮

《莊子・天地》說：

> 諄芒將東之大壑，適遇苑風於東海之濱。苑風曰：「子將奚之？」
> 曰：「將之大壑。」曰：「奚為焉？」曰：「夫大壑之為物也，注焉而
> 不滿，酌焉而不竭，吾將遊焉。」〔註22〕

這裡是莊子講道的一則寓言，但是這則寓言的原型是當時中原流傳的地理知識，傳說東海之外的大壑深不可測，天下之水匯注不滿，大壑的傳說在戰國時代已經很有名。這裡的苑風，也有根據，其實是北風，胡厚宣發現《山海經》記載是四方名和四方風名，能在甲骨文中找到完整對應的記載，其中北風就是，《山海經・大荒東經》說：「北方曰宛。」甲骨卜辭說的北方之名，殘缺一半，從剩下的一半來看，很可能就是宛。

莊子能聽到不少從齊國沿海來的傳聞，《莊子》開篇的鯤化為鵬的故事就來自齊諧，也即齊地的故事，所以莊子所說的東海大壑，很可能也來自東方的燕齊沿海。

《列子・湯問》夏革曰：

> 渤海之東，不知幾億萬里，有大壑焉，實惟無底之谷，其下無
> 底，名曰歸墟。八絃九野之水，天漢之流，莫不注之，而無增無減
> 焉。其中有五山焉：一曰岱輿，二曰員嶠，三曰方壺，四曰瀛洲，
> 五曰蓬萊。其山高下周旋三萬里，其頂平處九千里。山之中間相去
> 七萬里，以為鄰居焉。其上臺觀皆金玉，其上禽獸皆純縞。珠玕之
> 樹皆叢生，華實皆有滋味，食之皆不老不死。所居之人，皆仙聖之
> 種。一日一夕，飛相往來者，不可數焉。而五山之根，無所連箸，
> 常隨潮波，上下往還，不得暫峙焉。仙聖毒之，訴之於帝。帝恐流
> 於西極，失群仙聖之居，乃命禺強，使巨鼇十五，舉首而戴之。迭
> 為三番，六萬歲一交焉。五山始峙而不動。而龍伯之國有大人，舉
> 足不盈數步，而暨五山之所，一釣而連六鼇，合負而趣，歸其國，
> 灼其骨以數焉。於是岱輿、員嶠二山，流於北極，沉於大海，仙聖
> 之播遷者巨億計。帝憑怒，侵減龍伯之國使阨，侵小龍伯之民使短。

〔註22〕莊周撰、〔清〕郭慶藩集釋：《莊子集釋》，北京：中華書局，2004年，第439
　　　　～440頁。

至伏羲神農時，其國人猶數十丈。〔註23〕

禺強，即《山海經・大荒東經》所說的北海神禺京，因爲京的上古音是見母陽部 kyang，強是，讀音基本相同。

岱輿即泰遠，岱、泰音近，故泰山又稱岱，上古音輿、遠雙聲，魚部 a、元部 an 旁轉。《爾雅・釋地》：「東至於泰遠，西至於邠國，南至於濮鉛，北至於祝栗，謂之四極。」〔註24〕

傳說最東面的地方叫泰遠，從另外三個地名來看，泰遠是個專名，不是極遠的意思。《山海經・大荒東經》說：

東海之外，大荒之中，有山名大言，日月所出。〔註25〕

泰遠（岱輿）亦即東海之外的大言山，大、岱、泰音近，言、遠雙聲疊韻，讀音可通。《山海經》大言山上一條就是：「東海之外大壑」，大壑和大言山在一起，和《列子》的大壑中的岱輿山正相吻合。

以前的學者曾經提出臺灣的名字源自岱輿、員嶠的首字合稱，這當然是牽強附會。但是岱輿山又作大言、泰遠，讀音和臺灣也相通，二者可能是同源地名。但是我們不能說臺灣就是岱輿，因爲同源地名可能不在一地，而南島民族分布較廣，所以有些同名之地距離很遠。我們只能說岱輿或臺灣源自南島語系，上古的中國人已經接觸到了此類地名。

有學者認爲大壑所在的位置就是今天的沖繩海槽，處在大陸架和琉球群島之間。古人當然沒有技術發現這個海槽，但是他們很容易發現流經這裡的

〔註23〕 列子撰、楊伯峻集釋：《列子集釋》，北京：中華書局，1979 年，第 151 頁。有不少學者認爲《列子》是魏晉人僞造的書，但是也有很多學者認爲《列子》是上古之書，雖然有可能夾雜秦漢以後的內容。我認爲是上古之書，關於《列子》是眞書的意見，詳見岑仲勉：《非魏晉人僞作》，《東方雜誌》第 44 卷第 1 期，1948 年。牟鍾鑒：《對〈列子〉的再考辨和再評價》，《文史哲》1986 年第 5 期。羅漫：《〈列子〉不僞和當代辨僞學的新思維》，《貴州社會科學》1989 年第 2 期。馬達：《〈列子〉眞僞考辨》，北京出版社，2000 年。許抗生：《〈列子〉考辨》，《道家文化研究》第一輯，上海古籍出版社，1991 年。陳鼓應：《論〈老子〉晚出說在考證方法上常見的謬誤──兼論〈列子〉非僞書》，《道家文化研究》第四輯，上海古籍出版社，1996 年。胡家聰：《從劉向的敘錄看〈列子〉並非僞書》，《道家文化研究》第六輯，上海古籍出版社，1995 年。陳廣忠：《爲張湛辯誣──〈列子〉非僞書考之一》、《〈列子〉三辨──〈列子〉非僞書考之二》、《從古詞語看〈列子〉非僞──〈列子〉非僞書考之三》、《道教文化研究》第十輯，上海古籍出版社，1996 年。

〔註24〕 周祖謨校箋：《爾雅校箋》，雲南人民出版社，2004 年，第 93 頁。

〔註25〕 袁珂校注：《山海經校注》，巴蜀書社，1993 年，第 390 頁。

黑潮（日本暖流），黑潮是世界上第二大洋流，源自赤道，流經臺灣島和琉球群島、日本列島周圍，流程長達 4000～6000 千米。

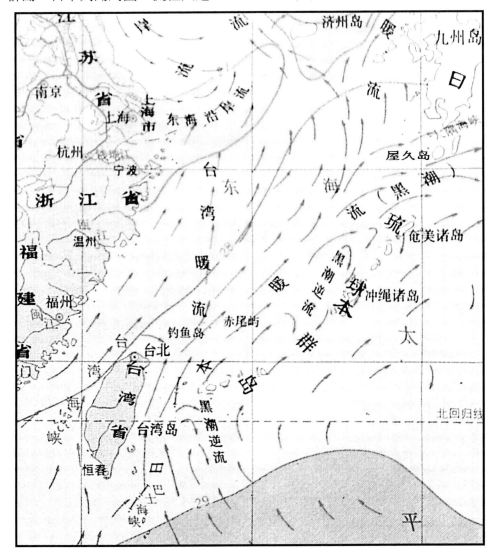

中國近海表層水流（八月）〔註26〕

　　黑潮本身很清，但是因為攜帶的雜質和營養鹽很少，陽光很少被折射回水面，所以看似顏色很深。黑潮的流速很急，最大流速可達 6～7 節。黑潮的

〔註26〕劉明光主編：《中國自然地理圖集》，北京：中國地圖出版社，1998 年，第62 頁。

強勁的暖流，夏季表層溫度高達 22°～30° C，冬季也有 18°～24° C。臺灣島東部黑潮寬達 280 千米，厚達 500 米，流速 1～1.5 節，進入東海，寬度減小到 150 千米，流速加快到 2.5 節，四國外海的黑潮流量每秒有 6500 萬平方米，是世界最大河流亞馬孫河流量的 360 倍，流速有 4 節。黑潮的流量很大，徑流量相當於 1000 條長江，所以容易識別。

古人看到黑潮，聯想到陰溝的濁流，所以把這裡稱爲「溝」。明代朱翊鈞萬曆三十四年（1606 年）冊封琉球使夏子陽《使琉球錄》說：

> （二十七日）午後過釣魚嶼，次日過黃尾嶼。是夜風急浪狂，舵牙連折。連日所過水皆深黑，宛如濁溝積水。或又如靛色，憶前使錄補遺稱由滄水入黑水，信哉。二十九日望見枯米山，夷人喜，以爲漸達其家。〔註27〕

乾隆二十一年（1756 年）冊封副使周煌《琉球國志略》卷五《山川》說：

> 琉球環島皆海也，海面西距黑水溝，與閩海界。福建開洋至琉球，必經滄水，過黑水，古稱滄溟。〔註28〕

對黑水溝最詳細的位置記載，是嘉慶十五年（1808 年）冊封使齊鯤的《續琉球國志》，其書說：

> （閏五月）十三日，午刻見赤嶼，又行船四更五，過溝祭海。〔註29〕

這裡說過了赤尾嶼，又行船四更五到黑潮流經海域。明清人很容易發現的黑水溝（黑潮），上古人只要不是色盲，也會很容易發現，明清人喻之爲「溝」，上古人稱其爲「壑」也很正常。

康熙二年（1662 年）冊封使張學禮《使琉球記》說：

> 初九日浪急風猛，水飛山立，舟中人顛覆嘔逆，呻吟不絕。水色有異，深青如藍，舟子曰：「入大洋矣。」項之，有白水一線，橫亙南北，舟子曰：「過分水洋矣，此天之所以界中外者！」……海洋之水，綠白紅藍，歷歷如繪，汲起視之，其清如一，不能解也。〔註30〕

〔註27〕〔明〕夏子陽、王士禎：《使琉球錄》，《續修四庫全書》第 742 冊，第 651 頁。

〔註28〕〔清〕周煌：《琉球國志略》，《續修四庫全書》第 745 冊，第 652 頁。

〔註29〕吳天穎：《甲午戰前釣魚列嶼歸屬考——兼質日本奧原敏雄諸教授》，社會科學文獻出版社，1994 年，第 56～58 頁。

〔註30〕〔清〕張學禮：《使琉球記》，《四庫全書存目叢書》史部第 128 冊，第 420～421 頁。

他說過了黑潮，看到白水，這是分水洋，是中國和外國的界線。海水顏色不同，但是汲取細看，顏色相同，不能解釋。清代人已經發現黑潮本身沒有顏色，但是不明原因。

還有一條鐵證可以說明先秦人已經知道黑潮，《呂氏春秋》卷十七《君守》說：「東海之極，水至而反。」就是說到了東海的盡頭，水開始回流。這其實是指人們航海到了東海的東部，遇到了強勁的黑潮和臺灣暖流，因此又被沖回，這條史料證明先秦的大陸人一定接觸到了黑潮。

先秦人知道東南海域的黑潮還有考古學的證據，商朝人大量使用來自熱帶海域的貝類，前人提出其北運路線可能有東部沿海、長江中游、西部地區三條。日本學者木下尚子提出商朝人使用的貝類有來自今琉球群島的品種，而且臺灣南部的貝珠和琉球群島西南部波照間島的貝珠極為類似，黃河流域的貝珠、骨珠、石珠也有類似形狀，所以上古的琉球群島很可能與東亞的寶貝流通有關。〔註31〕

三、六朝書籍中的黑潮

其實不僅上古和明清的中國史書記載了黑潮，秦漢六朝書籍也有記載，只不過比較隱晦，不為人注意。託名東方朔的《神異經》說：

> 東海滄浪之洲，生強木焉，洲人多用作舟楫。其上多以珠玉為戲物，終無所負。其木方一寸，可載百許斤。縱石鎮之，不能沒。
> 〔註32〕

東海滄浪洲有一種強力的樹木，可以為舟船，船上有各種珠玉飾品。這種木船令我們想起臺灣島東南的蘭嶼達悟族（雅美族）的大海船，這種海船頭尾翹起，尖底狹身，在太平洋很多地區都能看到，但是達悟族的大船裝飾尤其華麗。他們的大船多為白色，上面繪有明亮的紅、黑、白三色花紋，還有很多雕刻。新船下水祭禮時，還要在頭尾插上有雞毛的木雕。〔註33〕古人遠看這種大船，以為上面有很多珠寶裝飾。

前秦王嘉的《拾遺記》卷十《諸名山》記述海外仙山說：

> （員嶠山）南有移池國，人長三尺，壽萬歲，以茅為衣服，

〔註31〕〔日〕木下尚子：《從古代中國看琉球列島的寶貝》，《四川文物》2003年第1期。
〔註32〕王國良：《神異經研究》，臺北：文史哲出版社，1985年，第54頁。
〔註33〕達西烏拉灣・畢馬（田哲益）：《臺灣的先住民——達悟族》，第116、234～235頁。

皆長裾大袖，因風以升煙霞，若鳥用羽毛也……北有浣腸之國，甜水繞之，味甜如蜜，而水強流迅急，千鈞投之，久久乃沒。其國人常行於水上，逍遙於絕嶽之嶺，度天下廣狹，繞八柱爲一息，經四軸而暫寢，拾塵吐霧，以算曆劫之數，而成阜丘，亦不盡也。
〔註34〕

員嶠即今琉球群島最北面的屋久（Yaku）島，屋久島是火山島，形狀渾圓。附近海潮很急，正是黑潮，牛津大學藏明末閩商航海圖在屋久島附近標注：「野故門，水流東甚緊。」野故門即屋久島南部的海峽，下文還要論證，《拾遺記·諸名山》記載的東南五大神山不僅都有根據，而且其中的地理信息非常珍貴，從南到北，排列有序，這是中國第一篇詳述東南海上五大島嶼——加里曼丹島、澎湖島、臺灣島、屋久島、九州島的地理文獻。屋久島的扶桑就是著名的屋久杉，最大的杉樹被稱爲繩文杉。

達悟族木船（周運中 2017 年 10 月 27 日攝於慕尼黑）

六朝時期託名東方朔的《海內十洲記》說：

蓬丘，蓬萊山是也。對東海之東北岸，周回五千里。外別有圓海繞山，圓海水正黑，而謂之冥海也。無風而洪波百丈，不可得往來。上有九老丈人，九天眞王宮，蓋太上眞人所居。唯飛仙有能到其處耳。

蓬萊山外的海水黑色，洪波萬丈，正是日本的黑潮。李豐懋先生認爲此

〔註34〕〔前秦〕王嘉撰、〔蕭梁〕蕭綺錄、王根林校點：《拾遺記》，《漢魏六朝筆記小說大觀》，第 561 頁。

書是東晉末到劉宋初上清僞經製造時期的道士所作，〔註 35〕王國良先生認爲此書成於南朝宋齊之際。〔註 36〕《海內十洲記》誤以爲蓬萊在東海東北，其實是在東南，此書應晚於《拾遺記・諸名山》，詳見下文。

六朝時期另一部託名東方朔的小說《漢武帝內傳》說西王母授《五嶽眞形圖》給漢武帝劉徹時說：

> 於是方丈之阜，爲理命之室。滄浪海島，養九老之堂。祖瀛元炎，長元流生，鳳麟聚窟，各爲洲名。並在滄流大海元津之中，水則碧黑俱流，波則振盪群精。諸仙玉女，聚於滄溟，其名難測，其實分明。〔註37〕

這裡的洲名都來自《海內十洲記》，此書晚於《海內十洲記》。其中說大海的綠水和黑水並流，這也是黑潮。

四、《荀子》記載齊地海外貿易

《荀子・王制》：「北海則有走馬吠犬焉，然而中國得而畜使之。南海則有羽翮、齒革、曾青、丹干焉，然而中國得而財之。東海則有紫紶、魚鹽焉，然而中國得而衣食之。西海則有皮革、文旄焉，然而中國得而用之。」

荀子長期在齊國，他說的南海珍品有羽翮、齒革、曾青、丹干，曾青是藥品，現在廣東出產，通過海路輸入齊國。道士煉丹時很重視曾青，葛洪《抱朴子・仙藥》說：「五芝及餌丹砂、玉札、曾青、雄黃、雌黃、雲母、太乙禹餘糧，各可單服之，皆令人飛行長生。」同書《金丹》：「五石者，丹砂、雄黃、白礬、曾青、慈石也。」同書《黃白》：「詐者謂以曾青塗鐵，鐵赤色如銅。」指曾青（$CuSO_4$）與鐵反應，生成銅（Cu）。葛洪在書中《金丹》篇明確說他的煉丹術來自東漢左慈，所以這種技術最遲在漢代就有。

丹干是一種紅色的樹幹，無疑是南洋的蘇木，西晉崔豹《古今注》卷下《草木》：「蘇枋木，出扶南、林邑外國。取細碎煮之，以染色。」唐代顧況《蘇方》詩序：「蘇方，諷商胡舶舟運蘇方，歲發扶南、林邑，至齊國立盡。」〔註38〕唐代來自南海扶南（在今柬埔寨等地）、林邑（在今越南中南

〔註 35〕 李豐楙：《六朝隋唐仙道類小說研究》，學生書局，1986 年，第 123～146 頁。
〔註 36〕 王國良：《海內十洲記研究》，臺北：文史哲出版社，1993 年，第 43 頁。
〔註 37〕 王根林校點《漢武帝內傳》，《漢魏六朝筆記小說大觀》，上海古籍出版社，1999 年，第 149 頁。
〔註 38〕 《全唐詩》卷二百六十四，第 2929 頁。

部）等國的蘇木，到齊地很快銷出。

紫紒是海產品，紒從絲，所以紫紒很可能是海藻。上古把海藻都用絲織品來表示，因為很多海藻類似絲織品，《爾雅・釋草》：「綸似綸，組似組，東海有之。」東晉郭璞注：「海中草，生彩理，有象之者，因以名。」組的原義是絲帶，許慎《說文》：「組，綬屬。」又說：「綸，青絲綬也。」綸的顏色是青色，似乎是指海帶。

南宋鄭樵《通志》：「綸，鹿角菜。組，海中苔，今之紫菜也。」現在看來不確，鹿角菜是紫紅色，而綸是青色。西晉左思《吳都賦》所說：「綸組紫絳。」有人認為紫絳是紫菜，待考。

海帶又名昆布，曹魏《吳普本草》說：「綸布，一名昆布。酸、鹹、寒，無毒，消瘰癧。」陶弘景《本草經集注》說昆布：「今惟出高麗。繩把索之如卷麻，作黃黑色，柔韌可食。《爾雅》云：『綸似綸，組似組，東海有之。』今青苔、紫菜皆似綸，此昆布亦似組，恐即是也。凡海中菜，皆治瘰瘤結氣，青苔、紫菜輩亦然，乾苔性熱，柔苔甚冷也。」

昆布最早來自朝鮮、日本，《冊府元龜》卷九七一記載開元二十六年（738年）渤海靺鞨獻昆布，《新唐書》卷二百一十九說渤海國：「俗所貴者……南海之昆布。」[註39]渤海國的南海就是今天的日本海，此處的昆布是唐代的珍品。美國博物學大家謝弗（薛愛華，Edward Hetzel Schafer，1913～1991）指出，昆布對應日本土著蝦夷（阿依努）語的 kompo，但是不知出自阿依努語，還是阿依努人借自其他語言。[註40]

李時珍《本草綱目》卷十九引唐代陳藏器的《本草拾遺》說：「昆布，生南海，葉如手，大似薄葦，紫赤色。其細葉者，海藻也。曰：其草順流而生。出新羅者，葉細，黃黑色。胡人搓之為索，陰乾，從舶上來中國。」卷四六又引陳藏器曰：「蛤類也。生擔羅國，彼人食之……熱氣消食。雜昆布作羹，主結氣。」擔羅即韓國濟州島的古名耽羅 Tamla，屬新羅。

荀子所說的紫紒，是紫紅色的海藻。有人認為陳藏器所說的是紫紅色昆布掌狀蜈蚣藻，[註41]或許合理。不過紫紒也有可能是其他紫紅色的海藻，

〔註39〕〔宋〕歐陽修：《新唐書》，北京：中華書局，1975年，第6183頁。
〔註40〕〔美〕謝弗著：《唐代的外來文明》，吳玉貴譯，中國社會科學出版社1995年，第320、335頁。
〔註41〕曾呈奎：《中國經濟海藻志》，北京：科學出版社，1962年，第7頁。

未必是陳藏器所說的海藻或掌狀蜈蚣藻。

絬的讀音同去，上古音是溪母魚部 khia，讀音並不很接近昆或綸，或許和昆布無關。或許是取自的本義，《玉篇》：「絬，束也。」清代考據學大家王念孫《讀書雜志》引其父王引之釋《荀子》紫絬曰：「絬當爲綌，右旁谷字與去相似，綌之爲絬，猶卻之爲卻也。」《說文》：「絬，粗葛也。」綌是葛布，如果按照王引之的解釋，則紫絬源自其外形象紫色的葛布，則還是源自昆布，也即海帶。但不是海帶，因爲海帶是黑綠色，或許是紫菜，則紫絬是一種東海出產的紫紅色海藻，或許就是現在東海所產的紫菜之類，正是紫紅色。

現在東海的甘紫菜、圓紫菜、都是紫紅色、圓形，類似布匹。其他有的紫菜種類，或者不是紫紅色，或者不像布匹的形狀，或者不產自東海，所以不是紫絬。甘紫菜最長可達 60 釐米，圓紫菜最寬可達 10 釐米，甘紫菜更大，更有可能是紫絬。甘紫菜可能源自紺，即紫紅色。也有可能是條斑紫菜，是現在中國北方最主要的養殖紫菜，人工培育的可達 1 米以上。

唐代張籍有《贈海東僧》詩云：

別家行萬里，自說過扶餘。學得中州語，能爲外國書。

與醫收海藻，持咒取龍魚。更問同來伴，天台幾處居。〔註42〕

來自海東的僧人，幫助中國醫生收購海藻，很可能到過天台，也即台州。漢代扶餘在今東北平原，唐代屬渤海靺鞨。渤海國之西有扶餘府，在今吉林省中部。但是扶餘也指朝鮮半島，《魏書》卷八十八說高句麗與百濟出自扶餘，百濟王姓余。此處說過扶餘，或許是指這位僧人來自扶餘故地以東，或許是指他去過扶餘故地。此處的扶餘或許指渤海靺鞨，或許指朝鮮半島。又說能用咒語捕撈龍魚，龍魚應是一種海魚。

五、《山海經》的東南洋航路

《山海經》不僅記載了東海外的大壑，也即黑潮，還記載了中國東南外洋的很多事物，構成一條完整的東南洋航路。

《海外東經》說：

黑齒國在其北，爲人黑，食稻啖蛇，一赤一青，在其旁。一曰在豎亥北，爲人黑首，食稻使蛇，其一蛇赤。

〔註42〕《全唐詩》卷三百八十四，北京：中華書局，1960 年，第 4319 頁。

下有湯谷。湯谷上有扶桑，十日所浴，在黑齒北。居水中，有大木，九日居下枝，一日居上枝。

雨師妾在其北。其爲人黑，兩手各操一蛇，左耳有青蛇，右耳有赤蛇。一曰在十日北，爲人黑身人面，各操一龜。

玄股之國在其北。其爲人衣魚食，使兩鳥夾之。一曰在雨師妾北。

毛民之國在其北，爲人身生毛。一曰在玄股北。

勞民國在其北，其爲人黑。或曰教民。一曰在毛民北，爲人面目手足盡黑。〔註43〕

《海內北經》說：

蓋國在鉅燕南，倭北。倭屬燕。

朝鮮在列陽東，海北山南。列陽屬燕。

列姑射在海河州中。射姑國在海中，屬列姑射西南，山環之。

大蟹在海中。

陵魚人面，手足，魚身，在海中。

大鯾居海中。

明組邑居海中。

蓬萊山在海中。

大人之市在海中。〔註44〕

《海內東經》說：

鉅燕在東北陬……

琅邪臺在渤海間，琅邪之東。其北有山，一曰在海間。〔註45〕

下文將論證扶桑是日本屋久島的巨杉，湯谷在屋久島。下文還要論證漢代的邪馬臺國在九州島南部，邪馬臺國南部的海島上有侏儒國、裸國、黑齒國，即《山海經》黑齒國，在今琉球群島到臺灣一帶。《楚辭·招魂》：「南方不可以止些，雕題黑齒。」《戰國策·趙策二》：「黑齒雕題，鯷冠秫縫，大吳

〔註43〕袁珂校注：《山海經校注》，第306～313頁。
〔註44〕袁珂校注：《山海經校注》，第374～378頁。
〔註45〕袁珂校注：《山海經校注》，第379、383頁。

之國也。」《呂氏春秋・求人》：「（禹東至）黑齒之國」。《蠻書》說南詔南有黑齒蠻，《嶺外代答》卷六的食檳榔條云：「自福建下四川與廣東西路，皆食檳榔者……有嘲廣人曰：路上行人口似羊。言以蔞葉雜嘴，終日飼也，曲盡啖檳榔之狀矣。每逢行人則黑齒朱唇，數人聚會，則朱殷遍地。」〔註46〕

郭璞注《山海經》毛民：「今去臨海郡東南二千里，有毛民在大海洲島上，為人短小而體盡有毛如豬。能穴居，無衣服。晉永嘉四年，吳郡司鹽都尉戴逢在海邊得一船，上有男女四人，狀皆如此。言語不通，送詣丞相府，未至道死，唯一人在。上賜之婦，生子出入市井，漸曉人語，自說其在是毛民也。」〔註47〕

臨海郡在今浙江東南部，其東南兩千里即今琉球群島到臺灣一帶。毛民是日本列島的土著阿依努人，是世界上體毛最發達的民族。因為鬍鬚很長，所以被古代日本人稱為蝦夷，意思是有蝦的長鬚。

勞民，又名教民，其實應是教勞，源自複輔音 glao，即亿佬、閣僚等，這些是侗臺語系民族的通名。〔註48〕此處是指海上的南島民族，南島民族與侗臺民族同源，所以也有此名，所以說體黑。

因為這一段資料來自燕國方士的海外探險，所以說到巨燕，也即大燕。又說琅邪臺在渤海，其實在黃海，因為燕國人來自渤海，所以把黃海北部也算作渤海了。而且記載了蓋、倭、列陽都屬於燕國的歷史，其實都在朝鮮半島北部，詳見下文考證。

所謂海河洲中，就是洋流之間的島上，洋流就是大海中的河流，其實是指黑潮，黑潮之中的射姑國，就是屋久島。射姑的上古音是 dzyak-ka，很接近Yaku。屬列姑射西南，山環之，指射姑國在列姑射的西南，有山環繞，屋久島正是渾圓形狀，因為原文所根據的地圖畫作一圈山，所以說山環之。此句不能斷為屬列姑射，西南山環之。因為上文所謂倭、列陽屬燕，指這些地方歸屬燕國，但是海上顯然不存在一個大國叫列姑射。列、屬二字都是從上文倭、列陽屬燕等句竄入此句，原文應是說射姑國在姑射國的西南。姑射國在屋久島的東北，應是韓國東南角的伽倻，讀音接近，在今釜山一帶，漢代譯

〔註46〕〔宋〕周去非著、楊武泉校注：《嶺外代答》，北京：中華書局，1989年，第235～236頁。

〔註47〕袁珂校注：《山海經校注》，第313頁。

〔註48〕戴裔煊：《僚族研究》，《民族學研究集刊》第6期，國家圖書館出版社影印，2010年。

為狗邪。

大蟹還在屋久島東南，《山海經》的《海經》由兩部分構成，《海外經》、《海內經》八篇與《大荒經》、《海內經》五篇是同源的兩組文獻，很多內容對應。《大荒東經》也有大蟹，說明大蟹在海外。大蟹就是日本海出產的巨大蟹類，包括蜘蛛蟹、帝王蟹等，還有最大的巨螯蟹，伸展長度達到 4 米，分布在日本到臺灣島東北海域。下文還要說到，東漢郭憲的《漢武帝別國洞冥記》記載東北民族進貢大蟹，就是來自日本海的巨螯蟹。

北太平洋的帝王蟹

陵魚即人魚之音訛，所以說人面，有手足，但是魚的身子，其實就是美人魚，也即儒艮。儒艮是 Dugong 的音譯，源自菲律賓的他加祿語。馬來語稱為 duyung，即海中的女子。因為儒艮是哺乳動物，而且生性溫和，偶見懷抱幼仔哺乳的現象，所以被人們訛傳為美人魚。儒艮分布在琉球群島以南的熱帶海域，所以《山海經》又列在蜘蛛蟹之下，也即南方。

大鯾應是蝠鱝，身體變平，輪廓菱形，長達 6 米，顏色青黑，類似蝙蝠，故名蝠鱝。鱝、鯾、鯿音近，是同源字，都指扁平。大鯾不可能指大鯿魚，鯿魚很小。蝠鱝主要生活在東海以南的熱帶海域，所以又排在人魚之下。

蓬萊山在最後，又在東南，下一章將要論證，蓬萊是呂宋島。大人之市，比蓬萊山還遠，又名大人之堂。還說：「有大人之市，名曰大人之堂。有一大人踆其上，張其兩耳。」大人之市指海市蜃樓，所以又名大人之堂，指樓閣

殿堂。這是古代方士所能想像的最遠世界，也說明蓬萊山在現實世界的最遠地方了。不過東南亞的民族也不是我們通常認為的那樣，都是個子很矮。新幾內亞島的民族原來就很高，根據最新的分子人類學檢測，新幾內亞島的民族和印歐人關係最近，所以他們的個頭高有遺傳學的原因。所以東南海外極遠的大人，或許就是指新幾內亞島。

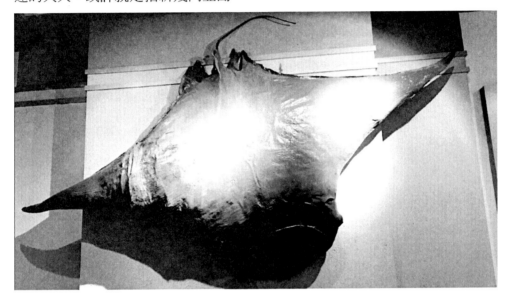

雙吻前口蝠鱝

　　新幾內亞島雖然歷史上和外界交往不多，但是我們也不能因此斷定中國人不能知道他們。因為信息可以經過多重中介傳遞，我已經揭示，比新幾內亞島更遠的澳大利亞還在中古時期的阿拉伯文獻中有記載，〔註 49〕為何中國人的古人不能記載新幾內亞島呢？棉蘭老島的蒲端國（Butuan）在北宋已經和中國來往，宋代周去非《嶺外代答》卷三下《東南海上諸雜國》已經記載到了菲律賓南部的地理，〔註 50〕已經很接近新幾內亞島。中國古人很可能聽說或接觸到新幾內亞島的土著，所以才說東南海外最遠處也有大人國。

　　所以《山海經》這一段的蓋、倭、朝鮮、九州島、屋久島、澎湖島、婆羅洲，恰好是從北到南順序，而且對應五大神山，下一章將詳細論證，岱輿是九州島，員嶠是屋久島，方丈山是澎湖島，蓬萊山是呂宋島。

〔註 49〕周運中：《顆細打賓、胡斯納米與烏斯蒂豐考》，《暨南史學》第 11 輯，2015 年。
〔註 50〕周運中：《中國南洋古代交通史》，第 305～307 頁。

六、扁鵲與扶桑

司馬遷《史記・扁鵲倉公列傳》說：「扁鵲者，勃海郡人也，姓秦氏，名越人。少時爲人舍長，舍客長桑君過……乃悉取其禁方書，盡與扁鵲。」有人認爲長桑就是扶桑，說明扁鵲的醫學來自航海者。

班固《漢書・藝文志》末尾是方技三十六家，即醫學，其中房中八家有《榮成陰道》二十六卷，而容成氏就是今山東半島最東部的榮成，《史記・秦始皇本紀》：「自琅邪北至榮成山，弗見。至之罘，見巨魚，射殺一魚。」說明醫學的源頭也是齊人。扁鵲：「爲醫，或在齊，或在趙。」

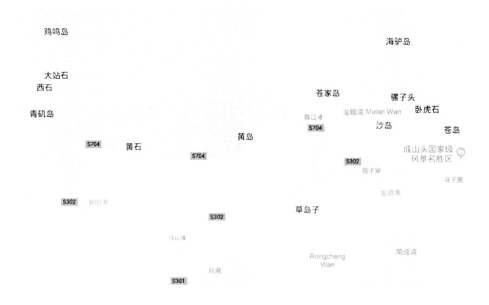

榮成北部的成山（榮成山）和雞鳴島

陰陽家有《容成子》十四篇，《漢書》記載陰陽家的主流是齊人，有齊人鄒子、鄒奭，又說：「《周伯》十一篇。齊人，六國時……於長《天下忠臣》九篇，平陰人。」還說：「《乘丘子》五篇，六國時。」乘丘即桑丘，詳見第二章第一節《拾遺記》所引桑丘子《陰陽書》。

房中八家有《務成子陰道》三十六卷，數術類的五行三十一家有《務成子災異應》十四卷。乘丘即桑丘，則務成即扶桑，務、扶音近。數術類的天文二十一家有《海中星占驗》十二卷、《海中五星經雜事》二十二卷、《海中五星順逆》二十八卷、《海中二十八宿國分》二十八卷、《海中二十八宿臣分》二十八卷、《海中日月彗虹雜占》十八卷，這些書很可能都是源自膠東半島的

航海者。

　　前人從未發現，《山海經·大荒東經》記載了榮成附近的很多小島，說：
「大荒之中，有山名猗天蘇門，日月所生。有壦民之國。有綦山。又有搖山。
有䰠山。又有門戶山。又有盛山。又有待山。有五采之鳥。東荒之中，有山
名曰壑明俊疾，日月所出。有中容之國。」

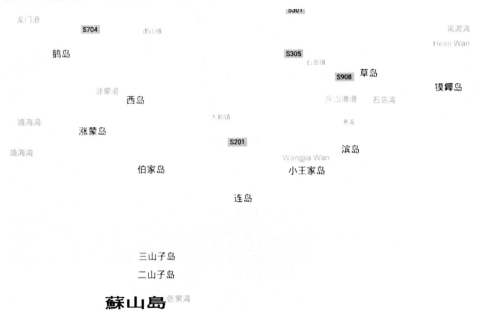

蘇山島　张家灣

榮成南部的蘇山島（大山子島）和斥山（赤山）

　　蘇門山即今榮成最南部海中的蘇山島，古代又名蘇門山。在膠東半島的
東南部，所以被看成是日月出入之地。《太平寰宇記》卷二登州文登縣：「石
門山，在縣東南八十里，山有二石聳立，高二丈，東西相去一丈，望之如門。」
石門山即門戶山，則在今榮成中部。盛山，即今榮成東北部的成山頭，盛通
成。

　　待山，疑即榮成南部的赤山，讀音接近，因爲石頭赤紅而名，唐代日本
僧人圓仁，曾經在新羅人張保皋所建的赤山法華院登陸。〔註51〕又名斥山，《太
平寰宇記》文登縣：「斥山，《爾雅》：東北之美者，有斥山之文皮焉。」斥山
的文皮是斑海豹皮，榮成多海豹。

〔註51〕田正祥：《圓仁三赴赤山：慈覺大師千年足跡考察》，濟南：山東友誼出版社，
　　　　1998年，第14頁。

鹽明山，疑是榮成北部的雞鳴島，因爲雞、鶴字形接近而誤爲鶴鳴山，轉寫爲鹽明。或許原名鶴鳴山，雞鳴島反而是後世誤寫，流傳至今。俊疾，即俊風很快，《大荒東經》上文已經說過，東風曰俊。雞鳴島在今榮成北部的渤海之中，東風自然很大。

既然榮成附近的小島能被詳細記載，說明《山海經》的作者和燕、齊航海的方士有關。而容成氏是重要的陰陽家、醫學家，這就說明航海的道士確實是中國各種科學包括醫學的先驅。

第二章　海上五大神山的真相

　　王嘉的《拾遺記·諸名山》記載了七個山，首山崑崙山沒有實質內容，最末昆吾山、洞庭山在中國，中間的東南五山依次是蓬萊、方丈、瀛洲、員嶠、岱輿。上文已經根據黑潮論證員嶠山是屋久島，還有很多證據。下文將要論證，這五山其實是從南到北，第一山蓬萊山是呂宋島，第二山方丈山是澎湖島，第三山瀛洲是臺灣島，第四山員嶠山是屋久島，第五山岱輿山是九州島。

一、蓬萊是呂宋

　　先看《拾遺記》蓬萊山：

> 蓬萊山，亦名防丘，亦名雲來，高二萬里，廣七萬里。水淺，有細石如金玉，得之不加陶冶，自然光淨，仙者服之。

> 東有郁夷國，時有金霧。諸仙說此上常浮轉低昂，有如山上架樓，室常嚮明以開戶牖，及霧滅歇，戶皆向北。

> 其西有含明之國，綴鳥毛以爲衣，承露而飲，終天登高取水，亦以金、銀、倉環、水精、火藥爲階。有冰水、沸水，飲者千歲。

> 有大螺名裸步，負其殼露行，冷則復入其殼。生卵著石則軟，取之則堅。明王出世，則浮於海際焉。有葭，紅色，可編爲席，溫柔如罽毳焉。

> 有鳥名鴻鵝，色似鴻，形如禿鶖，腹內無腸，羽翮附骨而生，無皮肉也。雄雌相眄則生產。南有鳥，名鴛鴦，形似雁，徘徊雲間，棲息高岫，足不踐地，生於石穴中，萬歲一交則生雛，千歲銜毛學

飛，以千萬爲群，推其毛長者高翥萬里。聖君之世，來入國郊。

　　有浮筠之簳，葉青莖紫，子大如珠，有青鸞集其上。下有沙礫，細如粉，柔風至，葉條翻起，拂細沙如雲霧。仙者來觀而戲焉，風吹竹葉，聲如鍾磬之音。

　蓬萊又名雲來，蓬的上古音是並母東部，李方桂擬爲 bung，蓬與雲、文的讀音很接近，現在閩南語的文就是 bun。今加里曼丹島（Kalimantan）又名婆羅洲，即渤泥、文萊（Brunei），文萊原是全島之名。

　最有趣的是，蓬萊山出一種大螺。而中國孫吳、蕭梁、唐朝三個時代五種書籍記載的加里曼丹島正是以產大螺聞名，

　1. 孫吳：《太平御覽》卷七八七引康泰《扶南土俗》曰：「諸薄之東北有巨延洲，人民無田，種芋，浮船海中，截大蚶螺杯往扶南。」卷八百七引《廣州志》曰：「大貝出巨延州，與行賈貿易。」又引徐哀《南方記》曰：「大貝出諸簿巨延州土地，採賣之以易絳青。」

　2. 蕭梁：《梁書》卷五十四《海南諸國傳》說：「婆利國，在廣州東南海中洲上，去廣州二月日行。國界東西五十日行，南北二十日行。有一百三十六聚。土氣暑熱，如中國之盛夏……普通三年，其王頻伽，復遣使珠貝智，貢白鸚鵡、青蟲、兜鍪、琉璃器、吉貝、螺杯、雜香、藥等數十種。」〔註1〕

　3. 唐代：《新唐書》卷二百二十二下：「婆利者，直環王東南，自交州泛海，歷赤土、丹丹諸國乃至。地大洲，多馬，亦號馬禮。袤長數千里……產玳瑁、文螺。」〔註2〕

　我已經詳細論證，巨延、婆利就是加里曼丹島，婆利即渤泥、文萊。〔註3〕加里曼丹島是世界第三大島，北部沿海有基納巴盧（Kinabalu）山，海拔4101 米，也符合蓬萊山高大的特點。所以我此前曾經認爲蓬萊山是文萊（加里曼丹島），但是我在 2017 年 10 月 28～29 日，應邀參加慕尼黑孔子學院、慕尼黑大學主辦「山東與海上絲綢之路」國際研討會時，發表論文《徐福、天孫、邪馬臺和岱輿》，普塔克（Roderich Ptak）和錢江先生質疑我的這一觀點，認爲加里曼丹島距離中國比較遠，不如菲律賓近，而很多地名類似，所以蓬萊山未必是加里曼丹島。這個問題一直縈繞在我心頭，久久不能解決。

〔註1〕〔唐〕姚思廉：《梁書》，第 797 頁。
〔註2〕〔宋〕歐陽修：《新唐書》，第 6299 頁。
〔註3〕周運中：《中國南洋古代交通史》，第 141～142、155～156 頁。

直到最近我系統完成此書，特別是破解了《十洲記》長洲爲呂宋島，結合我2017年所寫的極樂鳥研究，再看蓬萊山的問題，才悟出蓬萊山確實是呂宋島。

我現在認爲，五大神山都在大壑（黑潮）之中，菲律賓不僅靠近臺灣，而且正是黑潮流經之地，所以蓬萊山很可能在菲律賓。

菲律賓最大島呂宋島，靠近臺灣，下文要說方丈是澎湖，瀛洲是臺灣，《十洲記》長洲是呂宋，所以蓬萊很可能是呂宋。呂宋島比臺灣大很多，所以被誇張爲廣七萬里。

呂宋歷史上的中心一直是馬尼拉（Manila），讀音也非常類似蓬萊。現在粵語的文還讀 man，正好對應 Manila。因爲南島民族從海路遷徙，所以往往在很遠的地方看到類似的地名。

馬尼拉不僅在海灣，而且其東部還有很淺的大湖，距離海岸很近，馬尼拉就在湖海之間。所以古人說蓬萊山很淺，其實是指其中心馬尼拉。古人可以測量水深，到了金屬時代，人們可以用金屬掛在繩子下方，垂入海底，測量水深。廈門漁民還有一種傳統捕魚技術，稱爲延繩釣，用繩子垂入海底，釣深水魚，這種釣魚方法往往可以判別不同海域的水深。

至於大螺，就是鸚鵡螺，其分布範圍，北到菲律賓呂宋島中部，西到加里曼丹島（婆羅洲），南到澳大利亞，[註4]中國古代人記載最著名的產地是加里曼丹島。但是呂宋島不僅有，而且也有可能輸入加里曼丹島。

鸚鵡螺的貝殼最長可達近27釐米，確實很大。外殼有花紋，所以又名文螺。鸚鵡螺的外殼是螺旋形，開口很大，所以適合做成杯子，即螺杯。

其實早在西漢，鸚鵡螺酒杯就在長安的朝廷上使用了，《西京雜記》卷一說趙飛燕的妹妹給她送的禮物，有：「香螺巵，出南海，一名丹螺。」這種螺能做成酒杯，出自南海，又是紅色，不就是鸚鵡螺嗎？《藝文類聚》卷七三說，晉成帝時的廣州刺史陶侃上螺杯一枚。《宋書》卷五九《張暢傳》說劉宋送給北魏的禮物有：「螺杯、雜粽，南土所珍。」

南朝劉敬叔《異苑》卷三：「鸚鵡螺，形似鳥，故以爲名。常脫殼而遊，朝出，則有蟲類如蜘蛛，入其殼中，螺夕還，則此蟲出。庾闡所謂，鸚鵡內遊，寄居負殼者也。」其實這是誤解，鸚鵡螺有90隻腕手，被誤以爲是寄居蟹。《太平御覽》卷七百六十引《異物志》：「鸚鵡螺，狀以覆杯，形如鳥頭，向其腹視，似鸚鵡，故以爲名。」《嶺表錄異》卷下：「鸚鵡螺，旋尖處，屈

〔註4〕董正之：《現生鸚鵡螺類的地理分布》，《海洋科學》1987年第4期。

而朱，如鸚鵡嘴，故以此名。殼上青綠斑文，大者可受三升。殼內光瑩，如雲母，裝爲酒杯，奇而可翫。」

　　1965 年，南京東晉王興之墓出土了一個鸚鵡螺做的杯子，殼外用銅邊鑲扣，兩側裝有銅質雙耳，證明六朝時期的螺杯確實從南洋來到了都城建康。〔註5〕

　　2016 年，南京博物院和徐州博物館、邳州博物館組成的聯合考古隊，發掘了江蘇邳州新河鎮煎藥廟村西晉一個貴族家族的 9 座墓葬，其中 8 號墓封門磚寫有：「下邳國縣建忠里謀顯伯仲伯孝伯。」1 號墓出土了兩個鸚鵡螺杯和 1 個來自西方的玻璃碗，證明鸚鵡螺杯很早就傳入中原。〔註6〕

　　唐代也有來自南洋的螺杯，李白《襄陽歌》詩云：「鸕鷀杓、鸚鵡杯，百年三萬六千日，一日須傾三百杯。」

　　因爲黑潮和南海東部的海潮向北流，把鸚鵡螺漂到臺灣，或許南洋的商人利用這種潮流把鸚鵡螺賣到臺灣，所以臺灣土著很早就利用鸚鵡螺，清代周澍《臺陽百詠》：「秋老豐年更踏歌，香秔釀酒足微酡。泥人鬖飲休辭滿，貪瀉朱繩鸚鵡螺。」自注：「番人飲，用螺殼，大如斗，曰鸚鵡螺。」

鸚鵡螺外殼和剖面

〔註5〕南京市文物保管委員會：《南京人台山東晉興之夫婦墓發掘報告》，《文物》1965 年第 6 期。

〔註6〕王宏偉：《西晉鸚鵡螺杯暗藏千年密碼》，《新華日報·人文週刊》2017 年 6 月 23 日第 11 版。

南京東晉墓出土螺杯、江蘇邳州西晉墓出土鸚鵡螺杯

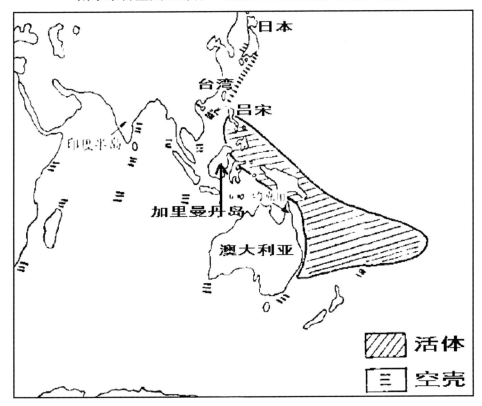

鸚鵡螺的分布範圍地圖

　　蓬萊山東邊的金霧，其實是指火山噴出的硫磺霧。呂宋島東南角，有著名的馬榮（Mayon）火山，高達 2421 米。馬榮火山被譽為世界上最完美的火山錐，從遠處看非常突出。

　　馬榮火山也是菲律賓最活躍的火山，過去 400 年噴發了 50 次，可以噴出數千米的火山灰。因為古代很可能也經常爆發，所以古人最為關注。噴出的火山灰經常掩埋周圍的村鎮，造成很多人死傷。

　　火山噴發的岩漿會引發泥石流，所以《拾遺記》說山上的土地會流動，本來朝南的房子會改而朝北

　　郁夷國又見於《拾遺記》卷八說：「神膠出郁夷國，接弓弩之斷弦，百斷百續也。」這種神膠應是天然橡膠。

　　蓬萊山西邊的含明國人，綴鳥毛以為衣，即今呂宋島西南的卡拉棉（Calamian）群島，元代汪大淵《島夷志略》稱為遲來勿，讀音接近含明。《島夷志略》第 98 條羅婆斯說：「國與麻加那之右山聯屬……風俗野樸，不織不衣，以鳥羽掩身。食無煙火，惟有茹毛飲血，巢居穴處而已。」麻加那即蘇門答臘島西岸的米南家保（Menankabwa），羅婆斯是婆羅斯之倒誤，即唐代的婆魯師，在今蘇門答臘島西北部。〔註7〕此處人也是用鳥毛作衣，正是南洋土著習俗。

　　此處還多金、銀、倉環、水精、火藻，加里曼丹島以產金著稱，《太平御覽》卷七九〇引《吳時外國傳》曰：「從屈都乾國東去，船行可千餘里，到波延洲。有民人二百餘家，專採金，賣與屈都乾國。」波延即浡泥（Brunei），因為卡拉棉群島在加里曼丹島和菲律賓之間，所以是很多金屬交易地。

　　鴻鵝應是犀鳥，犀鳥的頭骨巨大，輸入中國，稱為鶴頂，貴為珍品，婆羅洲出產此物。因為鶴頂中空，所以有人誤以為頭骨是全身骨架，看到中空就說這種鳥腹內空洞，沒有皮毛。

　　又說到有一種鳥類似鴛鴦，形如大雁，徘徊雲間，棲息高岫，足不踐地，生於石穴中。萬歲一交，則生雛鳥，千歲衛毛學飛，以千萬為群。推其毛長者，高翥萬里。

　　現在看來，這種神奇的鳥就是來自新幾內亞島的極樂鳥。極樂鳥屬雀形目極樂鳥科，體長 15 到 110 釐米，體重 50 到 450 克。極樂鳥是世界上最美麗的鳥，大部分雄鳥色彩繽紛，具有複雜華麗的飾羽，用來吸引雌性。極樂鳥主要產自新幾內亞島，也有少數產自附近的馬魯古群島和澳大利亞北部，歷史上與世隔絕。而且新幾內亞島上覆蓋熱帶雨林，極樂鳥居住在人跡罕至的山林，所以歷史上記載很少。

〔註7〕周運中：《中國南洋古代交通史》，第 386～387 頁。

中國古代人很少見到極樂鳥，也很少記載極樂鳥。但是有人說最早記載極樂鳥的中文古籍是清代西方傳教士編寫的書，這就錯了，其實明代中國人早已記載了極樂鳥。而且明代人看的極樂鳥，不是通過西方傳教士的介紹，而是通過閩南商人的海上貿易。

據說 1522 年，西班牙的維多利亞號從摩鹿加群島土著手中買到五張極樂鳥皮，送給西班牙國王，人們認爲這是天堂的鳥，所以極樂鳥的拉丁學名至今還是天堂 Paradisaeidae。1824 年，自然科學家里內・李森在新幾內亞的森林中採集到極樂鳥的標本。在極樂鳥交易最繁盛時，新幾內亞每年出口 5 萬隻極樂鳥標本。到 1938 年，科學家共發現 43 種不同的極樂鳥。

清代尹士俍《臺灣志略》中卷《外洋各島》說：

> 又聞宿霧國有鳥，毛羽，五彩，晝宿高峰雲霧之中，得之者，
> 價重連城，故其國名宿霧。

我認爲這種鳥就是極樂鳥，極樂鳥不僅有五彩繽紛的顏色，而且多數有很長的翎毛、尾羽、冠羽，所以說是毛羽。

所謂居住雲霧之中，故名宿霧，是中國人的牽強附會，宿霧島（Sebu）的名字和宿霧鳥毫無關係。因爲這種鳥通過菲律賓的宿霧等地轉運，所以有這種牽強附會。宿霧是西班牙人在菲律賓最早的據點，地位重要。

但是這種牽強附會也有根據，因爲大多數極樂鳥確實住在新幾內亞島的高山叢林樹梢，所以才這樣說，這是商人從新幾內亞島得到的傳聞。因爲這種鳥很難捕捉，很少外銷，所以價值連城。

清代遊歷爪哇島的漳州人王大海著有《海島逸志》，說：

> 霧鳥，產萬瀾、安汶間，狀類錦雞，棲雲霄，飲霧餐霞，未嘗
> 至地，死乃墜落，其羽輕鬆柔媚，兩翅有修翎長尺餘。尾如燕，搖
> 曳輕盈，欲乘風飄去然。

霧鳥顯然就是宿霧鳥，不知王大海是否聽說過宿霧鳥的名字。但是從他的描述來看，可能南洋的土著早就瞭解極樂鳥住在樹梢，所以傳說棲息在雲霄，飲霧餐霞，從來不到地面。

所以中國人的記載雖然未必最早，但是非常重要，告訴我們，所謂天堂鳥的名字也不是歐洲人首先命名，南洋土著原來就有這種鳥住在天堂的傳聞。歐洲人往往把各種土著的發現貪爲己功，現在看來，天堂鳥的名字其實是源自東南亞的土著。

　　王大海說霧鳥產自萬瀾、安汶間，萬瀾就是班達（Banda）群島，其西北是安汶島，屬於摩鹿加群島。分布在摩鹿加群島到新幾內亞島西部的兩種極樂鳥是：褐翅極樂鳥屬、幡羽極樂鳥屬。褐翅極樂鳥的顏色灰暗，王大海說的極樂鳥類似錦雞，色彩豔麗，翅膀還有很長的翎毛，就是幡羽極樂鳥。因為有很長的翎毛類似幡，故名幡羽。

　　王大海等清代人，無疑在南洋看過不少極樂鳥，但是流入中國的極樂鳥可能很少，所以內地文獻記載很少。李長傅說：「荷屬的偏僻小島，深山荒野，常常有收霧鳥（日人名極樂鳥）、椰乾的華僑，多則三四十人，少則一二人。」〔註8〕荷屬印度，即今印度尼西亞。

　　其實明代人就看到極樂鳥的標本了，明末廈門人池顯方的《晃岩集》卷一四言古詩，有一首《霧鳥》詩，自序云：

> 客從西夷，攜一鳥臘，背紫，嗉綠，顱膺俱黃，尾則紫黃相間，
> 纖秀可愛，虛腸乏足，吸氣翔空，以自擊長，報盡始墜，墜必匹隨，
> 名霧鳥。《山海經》所不載者，異而賦之。

　　池顯方的《晃岩集》在崇禎年間刻印，廈門是明末最重要的通商口岸，所以有極樂鳥來到廈門。所謂西夷，其實是歐洲人。因為西班牙人、葡萄牙人、荷蘭人、英國人都在爭奪摩鹿加群島，所以歐洲人得到極樂鳥。

　　但是池顯方看到的極樂鳥無足，還是一個乾的標本，這是因為南洋土著把極樂鳥的羽毛做成飾品，砍掉鳥足。所以歐洲人最早看到的極樂鳥，也是無足的標本，引發歐洲人和中國人的想像，都認為這種鳥終身生活在天上。

　　1560 年，鮑伊斯陶烏（Pierre Boaistuan）的《活在空氣中，至死才上陸或墜海的無腳鳥神奇故事》說天堂鳥：「最重要的生存元素是空氣，那是它們永遠的家，也是讓人百思不解的謎。沒有人活抓過，它們只吃露水，沒有腳，永遠在飛，從不停止，只棲息在樹上或小枝丫上，用一根大羽毛固定。」1588到 1600 年的《荷蘭人第二次東印度之旅航海日志》說：「有人說這些都不是真的，它們和其他鳥一樣有兩隻腳。傳說中之所以沒腳，是因為抓到的人把腳切了，只留下頭、身體和最美的羽毛。在太陽下曬乾後，就看不到腳的痕跡，因此有人以為它們沒有腳。」

〔註8〕李長傅：《世界的華僑》，《東方雜誌》第 20 卷第 16 號，見李長傅：《南洋史地與華僑華人研究——李長傅先生論文選集》，暨南大學出版社，2001 年，第33 頁。

　　1621 年到班達群島的瑞士人利邦（Ripon）說天堂鳥：「先前的作家在書本中描繪、述說它們沒有腳，不吃任何東西，靠空氣生活，公鳥永遠不停息地在空中飛翔。公鳥的背脊上有一個洞，母鳥在洞裏下蛋，也在公鳥背上的洞中孵育小鳥。但這是編造的神話，因為寫這些的人對他們所寫的動物，一點都不懂，只是聽人說，並未真正見過。而我親眼看過，看過這樣的鳥停在地上吃喝，還帶過幾隻回到這裡。這個地方有好幾位酋長和貴族都親眼看到它們肢體完好的模樣，除了內臟。」〔註9〕

　　池顯方看到的極樂鳥，頭、胸是黃色，嗉是綠色，背是紫色，無疑是極樂鳥屬極樂鳥科的鳥，這個科的極樂鳥，大多數有黃色的頭部、綠色的嗉部，而背部顏色較深。但是本科的七種極樂鳥的顏色也有差別，線翎極樂鳥的頭是綠色，藍極樂鳥的顏色很單調，翅膀是藍色，其餘是黑色。戈氏極樂鳥、大極樂鳥、小極樂鳥的胸部不是黃色，紅羽極樂鳥的胸部僅有一條黃線。唯獨紅極樂鳥的胸部黃色較多，所以池顯方看到的應是紅極樂鳥。

紅極樂鳥、幡羽極樂鳥

　　因為歷史上極樂鳥一直被剝下毛皮貿易，所以遠方的人看到極樂鳥華麗

〔註 9〕〔瑞士〕艾利‧利邦著、賴慧芸譯、包樂史、李偉華校：《海上冒險回憶錄：一位傭兵的日志：1617～1627》，浙江人民出版社，2015 年，第 86～87 頁。

的毛皮，但是看不到極樂鳥的腳，於是認爲這種鳥始終住在雲霧之間。所以《拾遺記》說棲息在高岫，足不履地。池顯方說極樂鳥是吸氣翔空，王大海說極樂鳥是未嘗至地，這些描述和上古中國人的記載非常接近。

因爲極樂鳥有五彩的羽毛，所以說類似鴛鴦。極樂鳥有很長的羽毛，所以說推選其中毛長的高翔萬里。極樂鳥是在求偶的競爭中演化出美麗的羽毛，也是一种競爭，古人說推選毛長的鳥，可謂觀察仔細。

葡萄牙最早派往中國的使者多默・皮列士（Tome Pires），在 1512～1515 年所寫的《東方志》說外國商人把班達的死鳥帶到中國，又說班達人販運死鳥，叫天堂鳥（passaros de Deus），據說來自天堂，不知如何飼養。土耳其人和波斯人用作羽毛裝飾，孟加拉人也購買。這是不錯的商品，但是數量很少。〔註10〕說明中國人在明代中期之前就能看到天堂鳥，但是此時僅有極少的中國人看到這種朝貢貿易的珍品。

歷史上菲律賓是極樂鳥進入中國的貿易樞紐，從這一點來看，蓬萊山無疑是呂宋島。〔註11〕

過去一般認爲菲律賓在中國史書最早的記載是在北宋，但是菲律賓和臺灣很近，古人容易到達。古人甚至可能到達婆羅洲，清代荆園居士所著《挑燈夜錄》的《海熊》說：

> 邑營牟錢堂，於乾隆間戍臺，至廈門，結隊乘舟浮海。適遭颶風，一晝夜，風始定。視之舟已近岸，而淺擱莫行。同舟五十餘人，離舟上岸，則一荒島。草木陰濃，林花滿放。方欲回舟，忽茂林中出一巨人，高數丈，面黑如漆，遍體生紅毛，長數寸。見人輒笑，兩手拔木兩本，向前如鴨奴持竹枝攔鴨狀。錢等五十餘人，見之驚極，任其所攔而去，無一敢逃者。無何，至一石洞，錢等五十餘人皆被趕入洞中……逾三日，風色和順，舟始得通，及抵戍地，詢之

〔註10〕〔葡〕多默・皮列士著、何高濟譯：《東方志》，江蘇教育出版社，2005 年，第 97、150 頁。

〔註11〕胡文輝《「翡翠」及「翠羽」、「翠毛」問題──天堂鳥輸入中國臆考》（《中國文化》第四十一期，收入《洛城論學二集》，浙江大學出版社，2017 年）認爲翠鳥或是天堂鳥，此說不確，《逸周書・王會》：「倉吾：翡翠。」倉吾即蒼梧，在今南嶺附近。《漢書・南粵傳》說南越進貢翠鳥千，生翠四十雙，韓愈《送桂州嚴大夫》：「戶多輸翠羽。」桂州在今桂林，《嶺外代答》卷九：「翡翠產於深廣山澤間。」《諸蕃志》卷下：「翠毛，眞臘最多。」嶺南、眞臘（今柬埔寨）都不產天堂鳥。

土人得知，巨人蓋海熊也。

錢堂等人被颱風吹到的地方，無疑是婆羅洲，海熊是紅毛大猩猩，嘴唇很長，所以看起來像笑。因爲外形象熊，被誤以爲是熊。

元初人所編的《湖海新聞夷堅續志》卷二說：

> 昔有富商漂海，舟折一板，至岸得熊母挽之而上。登石竅，甚深窈，其中以草芥毛羽爲巢，頗濕煖。果木具備，商安焉，與熊合而生子。後有賈舟經其下，商抱其子而登舟，有珠數顆極珍。熊見商去，急緣崖而下，攀附不可，投水死。商攜子歸，本姓之子孫不容，遂養於別所。長以財俾店於公安，姓之曰熊。今公安有熊氏綵衣鋪，其人形貌似猴，即是也。〔註12〕

此處的海熊，暫且存疑，因爲人和猩猩不能生子。而且公安在內陸，不過也有可能是同安之訛。

清末有一個中國人乘船從菲律賓北部的呂宋島，經過印度尼西亞東部的摩鹿加群島，到爪哇島。他把這段行程，記爲《南洋述遇》。記載他在安汶島遇到一個華人，姓朱，祖先是明朝皇室，祖先在清初從中國大陸渡海，準備去臺灣投靠鄭成功，不料被風吹到安汶島，已經七代，但是仍然能傳承漢語和中華文化。〔註13〕如果能被風吹到安汶島，自然也可以被吹到婆羅洲。

二、方壺是澎湖

《拾遺記》說方丈山：

> 方丈之山，一名巒雉。東有龍場，地方千里，玉瑤爲林，雲色皆紫。有龍，皮骨如山阜，散百頃，遇其蛻骨之時，如生龍。或云：「龍常鬥此處，膏血如水流。膏色黑者，著草木及諸物如淳漆也。膏色紫光，著地凝堅，可爲寶器。」燕昭王二年，海人乘霞舟，以雕壺盛數斗膏，以獻昭王。王坐通雲之臺，亦曰通霞臺，以龍膏爲燈，光耀百里，煙色丹紫，國人望之，咸言瑞光，世人遙拜之。燈以火浣布爲纏。

〔註12〕〔元〕佚名輯、金心點校：《湖海新聞夷堅續志》，北京：中華書局，2006年，第 273 頁。

〔註13〕〔清〕王錫祺輯：《小方壺齋輿地叢鈔》第十帙，杭州古籍書店，1985年，第492～501 頁。

山西有照石，去石十里，視人物之影如鏡焉。碎石片片，皆能照人，而質方一丈，則重一兩。昭王舂此石爲泥，泥通霞之臺，與西王母常遊居此臺上。常有眾鸞鳳鼓舞，如琴瑟和鳴，神光照耀，如日月之出。

臺左右種恒春之樹，葉如蓮花，芬芳如桂，花隨四時之色。昭王之末，仙人貢焉，列國咸賀。王曰：「寡人得恒春矣，何憂太清不至。」恒春一名沉生，如今之沉香也。

有草名濡莖，葉色如紺，莖色如漆，細軟可縈，海人織以爲席薦，卷之不盈一手，舒之則列坐方國之賓。莎蘿爲經，莎蘿草細大如髮，一莖百尋，柔軟香滑，群仙以爲龍、鵠之轡。

有池方百里，水淺可涉，泥色若金而味辛，以泥爲器，可作舟矣。百鍊可爲金，色青，照鬼魅猶如石鏡，魅魅不能藏形矣。

因爲《列子・湯問》所說的五大神山是岱輿、員嶠、方壺、瀛洲、蓬萊，完全對應《拾遺記・諸名山》記載的蓬萊、方丈、瀛洲、員嶠、岱輿，所以方丈應是方壺之訛，先音訛作方夫，再形訛爲丈。現在閩語的夫，仍然讀爲壺。方壺和澎湖的讀音很近，古無輕唇音 f，方的上古音是 piuang，澎是上古音是 beang，讀音很近。

南宋人稱澎湖爲平湖，周必大說：「海中大洲號平湖。」樓鑰說：「郡實濱海，中有沙洲數萬畝，號平湖。」〔註14〕平湖爲澎湖原名，因爲澎湖很平，而且環抱馬公港與馬公內港兩個海灣，如海中大湖，非常獨特，故名平湖。〔註15〕

因爲澎湖很平，而且環抱馬公港與馬公內港兩個海灣，如海中大湖，非常獨特，故名平湖。所以《拾遺記》說此島：「有池方百里，水淺可涉。」就是平湖。彎雉上古音是 luan-diei，很可能是南島語的海 laut 的漢譯，即海島，此名源自東方海上的南島民族。

澎湖島以沙土爲主，森林不多，此處生產的沉香，很可能也來自臺灣，臺灣出產沉香。

〔註14〕〔宋〕周必大：《文忠集》卷六十七《敷文閣學士宣奉大夫贈特進汪公大猷神道碑》，《影印文淵閣四庫全書》第 1147 冊，臺北：商務印書館，1986 年，第711 頁。〔宋〕樓鑰：《攻媿集》卷八十八《汪大猷行狀》，《影印文淵閣四庫全書》第 1153 冊，第 363 頁。

〔註15〕周運中：《南宋毗舍耶人與談馬顏人新考》，《福州大學學報（哲學社會科學版）》2015 年第 1 期。

龍場的龍是抹香鯨，燕昭王用龍膏點燈，鯨魚油確實很多，萬曆《鹽城縣志》卷一《物產》：

> 鯊魚，嘉靖年間海潮送一魚上灘，長二十丈，海濱人以長木撐
> 其口，走入腹中取油。

這顯然是鯨魚，不是鯊魚，因爲都是大魚，所以有人特別是未到過海邊的人混淆了。鯨魚的分泌物龍涎香特別珍貴，或由鯨魚排泄入海，或來自鯨魚屍體。明初跟隨鄭和下西洋的費信《星槎勝覽》說龍涎嶼：「獨然南立海中，此嶼浮豔海面，波擊雲騰。每至春間，群龍所集於上，交戲而遺涎沫，番人乃架獨木舟，登此嶼，採取而歸。設遇風波，則人俱下海，一手附舟傍，一手揖水而至岸也。其龍涎初若脂膠，黑黃色，頗有魚腥之氣，久則成就大泥。或大魚腹中剖出，若斗大圓珠，亦覺魚腥。」〔註16〕這是他在龍涎嶼（今印度尼西亞西北角龍多島，Pulau Rondo）所聞，所謂出自魚腹是眞，涎沫是假。

臺灣也產龍涎香，《恒春縣志》卷九《物產》：「龍涎香，不常有。據採訪云，係海中大魚涎沫，成塊浮海中，近岸取之，白色如膠，茲求售者，有黃、白二色。研之易碎，燒之，氣如松香，蓋贋鼎焉。爲鰍魚精，浮於水面者，價十倍不可多得。」

《海內十洲記》說：

> 方丈洲在東海中心，西南東北岸正等，方丈方面各五千里。上
> 專是群龍所聚，有金玉琉璃之宮，三天司命所治之處。群仙不欲昇
> 天者，皆往來此洲，受太玄生錄，仙家數十萬。耕田種芝草，課計
> 頃畝，如種稻狀，亦有玉石泉，上有九源丈人宮主，領天下水神，
> 及龍蛇巨鯨陰精水獸之輩。

群龍、琉璃皆非杜撰，因爲《拾遺記・諸名山》所說的方丈山就是以群龍、琉璃出名。琉璃其實就是《拾遺記》的照石，也即澎湖四寶之首的文石，光滑晶瑩，故名照石。《拾遺記》說照石產於方丈山西，正是因爲澎湖本島的文石產於最西部的風櫃尾。

編席的軟草，這種草應該就是後世聞名的臺灣席草，又名大甲藺、苑里藺，因爲臺中市大甲鎮、苗栗縣苑里鎮種植最多得名。臺灣草席特別鬆軟，

〔註16〕〔明〕費信著、馮承鈞校注：《星槎勝覽校注》，北京：中華書局，1954年，第26～27頁。

所以《拾遺記》說這種草席捲起可以放在手裏，鋪下則可坐數人。這種草又名茳芏，《拾遺記》的濡菰應是菰濡之誤，上古音茳芏是 geong-tha，菰濡是 kan-nio。這種草屬於莎草科莎草屬，這裡所謂作為經線的莎蘿也是莎草，所謂一莖百尋，指這種草比較高，顯然這是莎草屬的高杆莎草，這也是一種編席的草。高杆莎草主要分布在華南和東南亞，莎草綠色，但是草席褐色，大陸人只看到草席，沒有看到莎草，所以說莎草的莖葉都是褐色。

澎湖島地圖

有人說澎湖島離大陸很近，所以不是方丈山。我以為此說不確，五大神山是上古燕齊方士所傳，燕齊到澎湖很遠。上古的福建不是漢地，從燕齊到澎湖不是易事。我們要在歷史條件下看待問題，臺灣和大陸的距離也不遠，但是在宋代之前，福建不存在人多地少的局面，所以普通人缺乏移民臺灣的動力。

南宋臺灣南部的土著毗舍耶人，不僅劫掠澎湖，還劫掠泉州、漳州等地。明代莆田人姚旅《露書》卷九《風篇中》說北港（臺灣）：

> 其人散居，無君長，惟甲長之類為頭目。中國十人以下至其地，則彼殺之。五十人以上，則彼閉戶而避我。

可見大陸人到臺灣很危險，很容易被土著殺害，必須有很多人一起去，才能立足，所以上古中原人去澎湖不是易事。〔註17〕

三、瀛洲是臺灣

《拾遺記》的瀛洲：

> 瀛洲一名魂洲，亦曰環洲。東有淵洞，有魚長千丈，色斑，鼻端有角，時鼓舞群戲。遠望水間有五色雲，就視，乃此魚噴水爲雲，如慶雲之麗，無以加也。

> 有樹，名影木，日中視之如列星，萬歲一實，實如瓜，青皮黑瓤，食之骨輕。上如華蓋，群仙以避風雨。

> 有金巒之觀，飾以眾環，直上干雲。中有青瑤幾，覆以雲紈之素，刻碧玉爲倒龍之狀，懸火精爲日，刻黑玉爲烏，以水精爲月，青瑤爲蟾兔。於地下爲機楜，以測昏明，不虧弦望。時時有香風泠然而至，張袖受之，則歷年不歇。

> 有獸，名嗅石，其狀如麒麟，不食生卉，不飲濁水，嗅石則知有金玉，吹石則開，金沙寶璞，粲然而可用。有草名芸苗，狀如菖蒲，食葉則醉，餌根則醒。有鳥如鳳，身紺翼丹，名曰藏珠，每鳴翔而吐珠累斛。仙人常以其珠飾仙裳，蓋輕而耀於日月也。

膠東人稱海爲瀛，就是越人所說的夷，所以瀛洲就是夷洲，夷洲是臺灣，瀛洲也是臺灣，〔註18〕夷洲、瀛洲本是海洲。因爲臺灣是距離中國最近的大島，所以稱爲海洲。

《海內十洲記》第一個山是徐福東渡所到的祖洲，在東海中，地方五百里，去西岸七萬里。第二個山是瀛洲：

> 瀛洲在東海中，地方四千里，大抵是對會稽，去西岸七十萬里。上生神芝仙草。又有玉石，高且千丈。出泉如酒，味甘，名之爲玉醴泉，飲之，數升輒醉，令人長生。洲上多仙家，風俗似吳人，山川如中國也。

上文說過，雖然此書所說各島面積與距離不可信，但是各島面積不一，

〔註17〕周運中：《正說臺灣古史》，第125～135、231～232、267頁。
〔註18〕周運中：《夷洲與流求新考》，《廈大史學》第四集，廈門大學出版社，2013年，第165～192頁。

可以說明方士掌握的各島大小比例信息。此島有四千里，比徐福所到的祖洲大很多，因爲臺灣較大。

瀛洲有玉石，高達千丈，其實是臺灣島的最高峰玉山，海拔 3952 米。玉山名爲玉石，也即《臨海志》所說：「山頂有越王射的，正白，乃是石也。」我們注意到，此書描述海外各島，唯有瀛洲提到高達千丈的玉石，各島地理信息都有特點，可見此書絕非杜撰。

玉山在今嘉義、高雄、南投交界處，靠近臺南。而嘉義、臺南因爲在澎湖列島的正東，所以歷史上一直是大陸人進入臺灣最便利的門戶。所以玉山很出名，正是因爲靠近臺灣的門戶之地。

清代郁永河《裨海紀遊‧番境補遺》：

> 玉山在萬山中，其山獨高，無遠不見。巉岩峭削，白色如銀，遠望如太白積雪。四面攢峰環繞，可望不可即，皆言此山渾然美玉。番人既不知寶，外人又畏野番，莫敢向邇。每遇晴霽，在郡城望之，不啻天上白雲也。

所謂風俗似吳人，因爲臺灣本來靠近閩浙，所以有近似的越文化，山川如中國也是因爲靠近大陸。

臺灣東海岸爲斷崖海岸，所以多有海蝕洞。長達千丈又能噴水的大魚，就是鯨魚，臺灣東部多鯨。臺灣賞鯨四大勝地是：宜蘭縣頭城鎮烏石港、花蓮縣花蓮港、石梯港、臺東縣加路藍港，因爲黑潮流經臺灣東部，營養豐富，吸引魚群，所以鯨魚也喜歡在此出沒。影木是木瓜樹，青皮黑瓤，樹如華蓋。

此處特別提到一種形如麒麟的野獸，無疑是鹿，臺灣原來最多的野獸就是鹿，最有名的商品也是鹿，明代陳第《東番記》：

> 山最宜鹿，儦儦俟俟，千百爲群……居常，禁不許私捕鹿。冬，鹿群出，則約百十人即之……社社無不飽鹿者。取其餘肉，離而臘之，鹿舌、鹿鞭、鹿筋亦臘，鹿皮角委積充棟……漳、泉之惠民、充龍、烈嶼諸澳……易其鹿脯皮角。〔註19〕

熊明遇《東番》說：「而中國人以故衣粗磁，貿其皮角與其餘肉，閩中郡亦無不厭若鹿者矣。」〔註20〕一個名叫 Carspar Schmalkaden 的德國士兵因爲

〔註19〕〔明〕沈有容：《閩海贈言》，《臺灣文獻史料叢刊》第 154 冊，臺北：大通書局，1987 年，第 26 頁。

〔註20〕〔明〕熊明遇：《文直行書詩文》，《四庫禁燬書叢刊》編委會編《四庫禁燬書

供職於荷蘭東印度公司，所以得以在 1648～1652 年進入臺灣，他在所著的《東西印度驚奇旅行記》說：「這些山脈與山谷中，有各式各樣的野生動物，特別是大量的鹿。〔這裡的鹿體型〕雖然比我們〔西歐〕本地的要小，但其肥碩並不下我們這裡〔西歐〕的鹿。」〔註21〕清代郁永河《裨海紀遊・番境補遺》說：「番人世世射鹿爲生……出則成群，以數十百計。」本書敘述海外各島，唯獨在瀛洲提到鹿，說明瀛洲無疑就是臺灣。

還說到有金沙，臺灣就有沙金，南宋趙汝适《諸蕃志》卷上流求國（臺灣）說：「土人間以所產黃蠟、土金、犛尾、豹脯，往售於三嶼」。元代泉州海商汪大淵的名著《島夷志略》說琉球（臺灣）：「地產沙金、黃荳、黍子、硫黃、黃蠟、鹿、豹、麂皮。」清代郁永河《裨海紀遊》：

> 哆囉滿產金，淘沙出之，與雲南瓜子金相似：番人鎔成條，藏巨甓中，客至，每開甓自炫，然不知所用。近歲始有攜至雞籠、淡水易布者。

哆囉滿在今花蓮縣，此處淘的金就是今立霧溪河口的砂金。現在有一種謬論說哆囉滿源自葡萄牙盛產黃金的河流利澳特愛魯（Rio Dnero），葡萄牙人根本不曾在臺灣立足，更不曾到花蓮，Dnero 無論如何不能譯成哆囉滿！

所謂有鳥如鳳，身紺翼丹，名曰藏珠，每鳴翔而吐珠累斛。其實是臺灣的特有鳥類藍腹鷴，鷴是雉科，尾巴很長，所以說形似鳳凰。藍腹鷴雄鳥主要是藍黑色，但是肩羽是紅色，所以說身紺翼丹，《說文》：「紺，帛深青揚赤色。」紺是深青色帶有紅色，正是藍腹鷴的寫照。藍腹鷴雄鳥的頸部有白斑，大概就是吐珠的由來。但是真正的吐珠之雞應是紅腹角雉，渾身有白色圓點，形似珍珠，脖子有藍色肉囊，上有紅斑，形似綬帶，故名吐綬雞。紅腹角雉在中國西南，原作者混淆了這兩種雉鳥。

瀛洲一名魂洲，亦曰環洲。魂、環音近，魂在前，說明別名是音譯。上古音魂是 ɣuən，環是 ɣoan，環洲可能源自洪雅（Hoanya）族，在今嘉義、雲林沿海，距離澎湖很近，嘉義沿海發現唐宋時期瓷器，證明漢人很容易從澎湖到此，接觸到洪雅族，因而又稱臺灣爲環洲、魂洲。

叢刊》集部第 106 冊，北京：北京出版社，1997 年，第 495 頁。
〔註21〕鄭維中：《製作福爾摩沙——追尋西洋古書中的臺灣身影》，臺北：如果出版社、大雁文化事業股份有限公司，2006 年，第 129 頁。

四、員嶠是屋久

《拾遺記》說員嶠山：

> 員嶠山，一名環丘。上有方湖，周回千里。多大鵲，高一丈，銜不周之粟。粟穗高三丈，粒皎如玉。鵲銜粟飛於中國，故世俗間往往有之。其粟，食之歷月不饑。故《呂氏春秋》云：「粟之美者，有不周之粟焉。」

> 東有雲石，廣五百里，駮犖如錦，扣之片片，則翁然雲出。有木名猗桑，煎椹以為蜜。有冰蠶長七寸，黑色，有角有鱗，以霜雪覆之，然後作繭，長一尺，其色五彩，織為文錦，入水不濡，以之投火，經宿不燎。唐堯之世，海人獻之，堯以為黼黻。

> 西有星池千里，池中有神龜，八足六眼，背負七星、日、月、八方之圖，腹有五嶽、四瀆之象。時出石上，望之煌煌如列星矣。有草名芸蓬，色白如雪，一枝二丈，夜視有白光，可以為杖。

> 南有移池國，人長三尺，壽萬歲，以茅為衣服，皆長裾大袖，因風以升煙霞，若鳥用羽毛也。人皆雙瞳，修眉長耳，餐九天之正氣，死而復生，於億劫之內，見五嶽再成塵。扶桑萬歲一枯，其人視之如旦暮也。

> 北有浣腸之國，甜水繞之，味甜如蜜，而水強流迅急，千鈞投之，久久乃沒。其國人常行於水上，逍遙於絕嶽之嶺，度天下廣狹，繞八柱為一息，經四軸而暫寢，拾塵吐霧，以算曆劫之數，而成阜丘，亦不盡也。

員嶠，顧名思義是圓形，屋久島因為是火山島，所以正是圓形。上有方湖，其實就是火山口。黑潮流速很急，所以說強流迅急。屋久島平均海拔上千米，所以有很好的粟，今屋久島東南有麥生村。東面有雲石剝落，可能在屋久島東南的割石嶽。所謂西有神龜，因為今屋久島西北的永田海濱是北太平洋最大的紅海龜產卵地，每年五月到七月的夜晚，紅海龜上岸產卵，景象壯觀，2004 年統計有 7300 多隻海龜登陸，所以說望之如星。

所謂猗桑，煎椹為蜜，其實就是扶桑，所以《拾遺記》員嶠山下文就說：「扶桑萬歲一枯，其人視之如旦暮也。」《太平御覽》卷九五五《木部四·桑》引《神異經》：「東方有樹焉，高八十尺，敷張自輔，葉長一丈，廣六七尺，

曰扶桑。有椹焉，長三尺五寸。」又引《海內十洲記》說：「長數千丈，二千圍。兩兩同根，更相依倚，故曰扶桑。」所謂依倚就是扶的附會，再變為猗桑。屋久島上有不少樹齡上千年的日本柳杉，有據說樹齡 1000 年以下的小杉，有據說樹齡 5000 年的大王杉。有一棵高達 30 米的杉樹被譽為繩文杉，據說樹齡有 6000 年，因為繩文時代得名。屋久杉就是扶桑的原型，日語的杉是 sugi，音近 sang，譯為桑。這裡往東就是太平洋，所以這裡被古代的燕齊方士看成神聖的日出之地。

紅海龜標本

　　漢語的杉、桑讀音也很接近，容易訛誤。《山海經・北次二經》說最北的湖灌山出湖灌水，東流入海，其北水行五百里，再過流沙三百里到洹山，有三桑生之，其高百仞。〔註 22〕湖灌水應是《漢書・地理志》的於延水，於延、湖灌音近，上古音於 ɣiua、湖 ɣa 都是匣母魚部，雙聲疊韻，延 ʎian、灌 kuan 是元部，此水即沽水（今潮白河的上游白河），湖灌山在今河北沽源縣西南。其北水行五百里，指閃電河水路。到正藍旗境內，再向北就是渾善達克沙地，高達百仞的三桑，其實是雲杉林。渾善達克沙地北部的克什克騰旗有世界唯

〔註 22〕袁珂校注：《山海經校注》，第 101 頁。

一的沙地雲杉林，不僅非常高大，而且樹齡可達幾百年。

扶桑又作榑桑，《說文》卷六上榑：「榑桑，神木，日所出也。」《山海經·東次三經》無皋山「南望幼海，東望榑木，無草木，多風。」〔註23〕此山是今連雲港錦屏山，〔註24〕榑木即扶桑。上古音扶是並母魚部 pia，博爲幫母鐸部 pak，榑（扶）實即博木，博是大的意思。

扶桑有溫泉，《山海經·大荒東經》：「上有扶木，柱三百里，其葉如芥，有谷曰溫源谷，湯谷上有扶木，一日方至，一日方出，皆載於烏。」〔註25〕《海外東經》說湯谷：「上有扶桑，十日所浴，在黑齒北。居水中，有大木，九日居下枝，一日居上枝。」〔註26〕《堯典》暘谷即湯谷，溫源就是溫泉，中、日、韓都把溫泉稱爲湯，即熱水。古書中也有稱溫泉爲溫源者，《水經注·鮑丘水》：「（庚水）又東南流與溫泉水合，水出北山溫溪，即溫源也……《魏土地記》曰：徐無城東有溫湯，即此也。」屋久島多溫泉，還有世界罕見的平內海中溫泉，恰好在屋久島南部，從海岸礁石中湧出，退潮時才露出。屋久島南部的黑潮就是東海大壑，又有海中溫泉，故名湯谷，則扶桑確在屋久島。

湯谷在鬱夷，《山海經·大荒南經》：「東南海之外，甘水之間，有羲和之國。有女子名曰羲和，方浴日於甘淵。羲和者，帝俊之妻，生十日。」〔註27〕《堯典》：「乃命羲和，欽若昊天，曆象日月星辰，敬授民時。分命羲仲，宅嵎夷，曰暘谷。寅賓出日，平秩東作。日中，星鳥，以殷仲春。」《史記》卷一《五帝本紀》譯爲今文，嵎夷改爲鬱夷，〔註28〕而鬱可通倭，《詩經·小雅·四牡》：「四牡騑騑，周道委遲。」《韓詩》作周道鬱夷，則鬱通委，也即通倭。倭可通和，倭人自稱和，則羲和之名或許也來自倭人。

扶桑也即空桑，《楚辭·天問》說：「斡維焉繫，天極焉加？八柱何當，東南何虧？九天之際，安放安屬？」《山海經》郭璞注引《啓筮》：「空桑之蒼蒼，八極之既張，乃有夫羲和，是主日月，職出入以爲晦明。」空桑是大地中心的支柱，周圍的八極就是八柱，八方各有一柱。維繫八柱的繩子就是八

〔註23〕袁珂校注：《山海經校注》，第 135 頁。

〔註24〕周運中：《〈山海經·東山經〉地理新釋》，《古代文明》2011 年第 3 期。

〔註25〕袁珂校注：《山海經校注》，第 408 頁。

〔註26〕袁珂校注：《山海經校注》，第 308 頁。

〔註27〕袁珂校注：《山海經校注》，第 438 頁。

〔註28〕〔漢〕司馬遷：《史記》，第 16 頁。

紘，《左傳》昭公十二年說楚國的左史倚相能讀《三墳》、《五典》、《八索》、《九丘》，三墳指三皇之典，五典或是五帝之典，八索即八紘，也即天文書，九丘類似九州，指地志。紘、索都是大繩子，《淮南子‧原道》說：「橫四維而含陰陽，紘宇宙而含三光。」

因爲聚落的社木象徵扶桑，所以空桑又引申爲帝都，《呂氏春秋》卷五《古樂》：「帝顓頊生自若水，實處空桑，乃登爲帝。」《淮南子‧本經訓》：「舜之時，共工振滔洪水，以薄空桑。」空桑又作窮桑、窮石，《左傳》昭公二十九年說五行之官：「世不失職，遂濟窮桑。」窮桑即空桑，又作窮石，《左傳》襄公四年魏絳（前 569 年）：「昔有夏之方衰也，后羿自鉏遷於窮石，因夏民以代夏政。」窮石即夏朝都城，上古音的石是禪母鐸部 zyak，桑是心母陽部 sang，讀音相近。

《拾遺記》卷一說：

> 帝子與皇娥泛於海上，以桂枝爲表，結薰茅爲旌，刻玉爲鳩，置於表端，言鳩知四時之候，故《春秋傳》曰司至是也。今之相風，此之遺像也。帝子與皇娥並坐，撫桐峰梓瑟。皇娥倚瑟而清歌曰：「天清地曠浩茫茫，萬象回薄化無方。涵天蕩蕩望滄滄，乘桴輕漾著日傍。當其何所至窮桑，心知和樂悅未央。」俗謂遊樂之處爲桑中也，《詩》中《衛風》云：「期我乎桑中。」蓋類此也。白帝子答歌：「四維八埏眇難極，驅光逐影窮水域。璇宮夜靜當軒織。桐峰文梓千尋直，伐梓作器成琴瑟。清歌流暢樂難極，滄湄海浦來棲息。」及皇娥生少昊，號曰窮桑氏，亦曰桑丘氏。至六國時，桑丘子著《陰陽書》，即其餘裔也。〔註29〕

這段話最重要的一句就是相風的鳩表，現在我們看到良渚文化的玉器上就有這種木柱，上面有鳩，這種圖案也傳到了大汶口文化。〔註30〕此處說少昊即窮桑氏，與空桑山的位置吻合。桑丘即乘丘，漢成帝鴻嘉元年（前 20 年）封東平思王指頃爲桑丘侯，即此，〔註31〕在今兗州市西北堰頭村，鄰近曲阜之北的窮桑。

〔註29〕〔前秦〕王嘉撰、〔蕭梁〕蕭綺錄、王根林校點：《拾遺記》，《漢魏六朝筆記小說大觀》，上海古籍出版社，1999 年，第 496 頁。

〔註30〕周運中：《中國文明起源新考》，花木蘭文化出版社，2015 年，第 249～265 頁。

〔註31〕周振鶴：《漢書地理志匯釋》，安徽教育出版社，2006 年，第 221 頁。

這段話另一個奇妙之處在於所記少皞之歌能和《山海經》呼應，《大荒東經》首句說：

> 東海之外大壑，少昊之國，少昊孺帝顓頊於此，棄其琴瑟。有甘山者，甘水出焉，生甘淵。大荒東南隅有山，名皮母地丘。東海之外，大荒之中，有山名曰大言，日月所出。〔註32〕

我們不明白《山海經》此句所說為何事，再看《拾遺記》少皞唱到遙遠的水域，又說到琴瑟，才明白原來是少皞到東海窮桑遊玩，棄其琴瑟。這說明《拾遺記》所引桑丘子之書非常寶貴，可惜此書失傳。

方士不僅要在屋久島尋找扶桑，還要在屋久島尋找仙藥。屋久島是日本降水最多之地，植被茂密，屋久的讀音恰好與藥同音，藥材豐富。

窮桑在大壑，對應扶桑在屋久島。員嶠山：「北有浣腸之國，甜水繞之，味甜如蜜，而水強流迅急，千鈞投之，久久乃沒。其國人常行於水上，逍遙於絕嶽之嶺，度天下廣狹，繞八柱為一息，經四軸而暫寢，拾塵吐霧，以算曆劫之數，而成阜丘，亦不盡也。」員嶠山北面的激流，正是屋久島和大陸之間的海峽急流，所謂投物不沉，也是對水面急流的誇張。甜水對應《山海經》的《大荒東經》大壑甘水與《大荒南經》十日所住的甘淵，其實應是泔水。泔水是污水，正是對黑潮的寫照。淵就是壑，十日所住即扶桑所在。

員嶠山南面有移池國人，個子很矮，編茅草為衣服，正是《禹貢》所說的揚州島夷卉服，也即今太平洋島民普遍穿著的草衣。移池國可能是沖繩島，因為沖繩本地人把沖繩島稱為地下 ziti，漢譯即移池，上古音移池是 ʎiai-dai，以母為舌齒音。

所謂移池國人壽萬歲，其實也有根據，現在沖繩人還是世界上最長壽的人群。日本人壽命較高，沖繩又是日本最長壽之地。

中國正史最早詳細記載日本的文獻《三國志》卷三十《東夷傳》說倭國：「其人壽考，或百年，或八九十年……又有侏儒國，在其南，人長三四尺，去女王四千餘里。又有裸國、黑齒國復在其東南，船行一年可至。」〔註33〕侏儒國即移池國，也是人長三尺。再南的裸國、黑齒國在今臺灣，《山海經》說湯谷在黑齒國北，位置完全符合。

〔註32〕袁珂校注：《山海經校注》，第 390～392 頁。
〔註33〕〔晉〕陳壽：《三國志》，北京：中華書局，1959 年，第 856 頁。

中國古人能從山東航行到此，王韜《遁窟讕言・島俗》記載了一個常熟白茆壩人張氏，船號乾泰，屢次到山東萊陽貿易，買回豆餅、羊皮等返回江南，忽然遇到大風，被吹到一個島。有福建人在這裡做通事，說這個島的語言、文字、風俗都同於日本，靠近日本的夾喇浦。但島上僅有頭目，並無所屬。無金銀，用貝殼爲錢幣。不知婚禮，自由戀愛。山頂上的人，多長壽。

五、岱輿是九州

再看《拾遺記》岱輿山：

岱輿山，一名浮析。東有員淵千里，常沸騰，以金石投之，則爛如土矣。孟冬水涸，中有黃煙從地出，起數丈，煙色萬變。山人掘之，入地數尺，得燋石，如炭滅，有碎火，以蒸燭投之，則然而青色，深掘則火轉盛。有草名莽煌，葉圓如荷，去之十步，炙人衣則燋，刈之爲席，方冬彌溫，以枝相摩，則火出矣。

南有平沙千里，色如金，若粉屑，霏霏常流，鳥獸行則沒足。風吹沙起若霧，亦名金霧，亦曰金塵。沙著樹粲然，如黃金塗矣。和之以泥，塗仙宮，則晃昱明粲也。

西有烏玉山，其石五色而輕，或似履烏之狀，光澤可愛，有類人工。其黑色者爲勝，眾仙所用焉。

北有玉梁千丈，駕玄流之上，紫苔覆漫，味甘而柔滑，食者千歲不饑。玉梁之側，有斑斕自然雲霞龍鳳之狀。梁去玄流千餘丈，雲氣生其下。傍有丹桂、紫桂、白桂，皆直上千尋，可爲舟航，謂之文桂之舟。亦有沙棠、豫章之木，長千尋，細枝爲舟，猶長十丈。有七色芝生梁下，其色青，光輝耀，謂之蒼芝。熒火大如蜂，聲如雀，八翅六足。梁有五色蝙蝠，黃者無腸，倒飛，腹向天。白者腦重，頭垂自掛。黑者如烏，至千歲形變如小燕。青者毫毛長二寸，色如翠。赤者止於石穴，穴上入天，視日出入恒在其上。有獸名嗽月，形似豹，飲金泉之液，食銀石之髓。此獸夜噴白氣，其光如月，可照數十畝。軒轅之世獲焉。有遙香草，其花如丹，光耀入月，葉細長而白，如忘憂之草，其花葉俱香，扇馥數里，故名遙香草。其子如蕙中實，甘香，食之累月不饑渴，體如草之香，久食延齡萬歲。

　　仙人常採食之。〔註34〕

　　第一章第三節說過，岱輿即大言、泰遠，接近大壑，則在黑潮流經地。岱輿山在今九州島最西南的薩摩半島，其東部有沸騰的圓淵，能把金屬和石頭燒爛，無疑是櫻島火山。圓淵就是火山口，黃煙萬丈，就是火山噴出的硫磺煙霧，山上人可以在地下看到火焰，但又不是石炭，只能是熔岩。此處對火山的描繪相當逼真，絕非杜撰。櫻島火山是日本最活躍的活火山，於 1471年、1779 年、1914 年、2006 年、2009 年爆發。1914 年爆發，東部才和大隅半島相連。2009 年噴出高達 4000 米的煙霧，可見《拾遺記》說黃煙萬丈果然不假。櫻島之東是大隅半島，音近岱輿。

員嶠山（屋久島）與岱輿山（九州島）

　　櫻島西面的薩摩半島東南角有指宿市，讀爲 Ibusuki，接近浮桁的上古讀音 busek。《拾遺記》卷五說：「元封元年，浮忻國貢蘭金之泥。此金出湯泉，

〔註34〕〔前秦〕王嘉：《拾遺記》，《漢魏六朝筆記小說大觀》，第 561 頁。

盛夏之時，水常沸湧，有若湯火，飛鳥不能過，國人常見水邊有人冶此金爲器。」浮忻顯然就是浮析，而指宿恰好有著名的黑砂蒸浴。因爲指宿附近有活火山，所以地下水很熱，流經沙灘，使砂石很熱。這就是《拾遺記》所說的湯泉沸騰，上有泥沙。

　　南面的平沙千里，就在薩摩半島西南角的日置市（Hioki）吹上町（Fukiage）一帶，這裡的海岸沙丘長達 47 千米，和本州島千葉縣的九十九里海濱和鳥取縣的鳥取沙丘，並稱爲日本的三大沙丘。因爲這麼長的沙丘在九州島獨一無二，所以古人特地記載，而且誇張爲千里。

　　北部的千尋花木，指鹿兒島縣北部的森林，此處向北到熊本縣是山地，所以森林茂密。《消魔智慧經》卷一和《漢武帝內傳》列舉各種珍品，其中有三梁龍華，我認爲就是岱輿山玉梁龍華，說明《拾遺記》五大神山成書很早。

　　西部爲玉山的黑色輕石，無疑是火山石。鹿兒島縣多火山，一半以上的土地被火山灰覆蓋，所以也多火山石。之所以用火山石命名，就是因爲徐福等方士需要這種石頭。

　　東晉著名方士葛洪《抱朴子·仙藥》說：「又眞珠徑一寸以上可服，服之可以長久，酪漿漬之，皆化如水銀，亦可以浮石水蜂窠化，包彤蛇黃合之，可引長三四尺，丸服之，絕穀服之，則不死而長生也。」〔註 35〕浮石因爲多孔，所以又名蜂巢石。《本草綱目》卷九引《抱朴子》說：「燒泥爲瓦，燔木爲炭，水沫爲浮石，此皆去其柔脆，變爲堅剛也。」引《交州記》云：「海中有浮石，輕虛可以磨腳，煮水飲之止渴，即此也。」李時珍說：「浮石乃水沫結成，色白而體輕，其質玲瓏，肺之象也。氣味鹹寒，潤下之用也。故入肺除上焦痰熱，止咳嗽而軟堅。清其上源，故又治諸淋。」〔註 36〕因爲浮石往往採自海中，所以李時珍也認爲浮石是水沫形成，他還解釋爲何能治熱病。方士服用五石散之後，發熱口渴，所以又需散熱，於是冷食，加大飲水，寬衣博帶，運動出汗，〔註 37〕這時浮石又有解渴功能。五石散的成分之一是硫磺，而九州島南部火山很多，所以徐福等燕齊方士都來這裡。

〔註 35〕〔晉〕葛洪著、王明校釋：《抱朴子內篇校釋》，北京：中華書局，1985 年，第 204 頁。

〔註 36〕〔明〕李時珍：《本草綱目》，人民衛生出版社，2004 年。

〔註 37〕魯迅：《魏晉風度及文章與藥及酒之關係》，《而已集》，北京：人民文學出版社，2005 年。

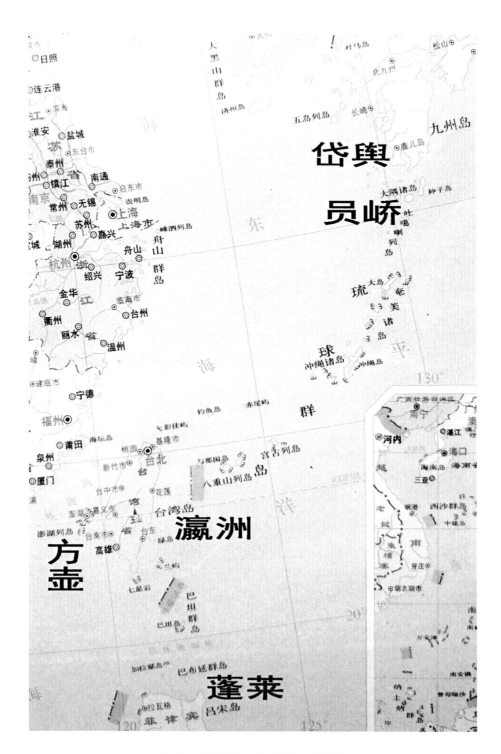

上古東南海外五大神山示意圖

嗽月似豹，飲金泉之液，食銀石之髓。可能是一種野貓，薩摩半島有多處金銀礦，而且薩摩東北的菱刈金礦儲量 260 噸，是世界少有的金山。現在薩摩南部的串木野有金銀礦，枕崎有春日、岩戶金銀礦，知覽有赤石金銀礦。

可見《拾遺記‧諸名山》記載的東南五大島——蓬萊（呂宋島）、方丈（方壺、澎湖島）、瀛洲（夷洲、臺灣島）、員嶠（屋久島）、岱輿（九州島）諸多獨特的地理信息，不僅詳細準確，而且五島由南到北，排列有序。可見古人不誣，至少說方士選取了來自海上的寶貴地理資料。如果我們有足夠多的知識，就能看出眞相。

因爲岱輿、員嶠在最北，所以《列子》說岱輿、員嶠流到了北極。其實是因爲黑潮向北流，所以古人訛傳岱輿、員嶠被黑潮沖到了北方。

其中方丈山，明確提到燕昭王，而《拾遺記》卷四有燕昭王的專節，說明本書所記的海外仙山確實源自古代燕齊方士。或許經過數代傳抄、改編，但是還是保留了很多原始內容。

其實《拾遺記》卷三，另有一則有關東南海外五大神山的記載，說：

> 扶桑東五萬里，有磅磄山……鬱水在磅磄山東，其水小流，在大陂之下，所謂沉流，亦名重泉……中有白橘，花色翠而實白，大如瓜，香聞數里……器則有岑華鏤管，沸澤雕鐘，員山靜瑟，浮瀛羽磬……岑華，山名也，在西海上，有象竹，截爲管吹之，爲群鳳之鳴。沸澤出精銅，可爲鐘鐸。員山，其形員也。有大林，雖疾風震地，而林木不動，以其木爲琴瑟，故曰靜瑟。浮瀛，即瀛洲也。
> 上有青石，可爲磬。

磅磄音近方丈，上古音的磅是旁母陽部 phang，方是非母陽部 piang，丈是定母陽部 diang，磄也是定母陽部 dang。我已考證方丈是方夫之形訛，即方壺、澎湖。大陂就是大湖，就是馬公內港，就是澎湖的原名平湖的由來。白色的大橘子，香飄數里，其實就是柚子。

員山即員嶠，多颱風，而林木大，所以說疾風震地，而林木不動。員嶠是屋久島，所出琴瑟，無疑對應《山海經》大壑琴瑟、《拾遺記》卷十的員嶠琴瑟。屋久島最著名的是杉樹，而杉木正是製作琴瑟的上好材料，因爲杉木不易變形，能長久保存。

沸澤出精銅，可爲鐘鐸，令人想到以產銅著稱的日本，沸澤就是火山，

鐘鐸則是日本彌生時代最重要的禮器銅鐸。

浮瀛，即瀛洲，即夷洲，即臺灣島。上有青石，可爲磬。令人想到臺灣的青玉，青玉是臺灣特產。

這段材料來自不同途徑，唯缺蓬萊，而多出岑華，基本可以對應。而岑華很可能是蓬萊的形訛，因爲字形接近，而且象竹應是大竹，出自南洋。此處還說岑華山在西海，正是因爲文萊在西南。

東漢郭憲《漢武帝別國洞冥記》卷二：

> 進嶓嵝細棗，出嶓嵝山，山臨碧海上，萬年一實，如今之軟棗。
>
> 咋之有膏，膏可燃燈，西王母握以獻帝。

嶓嵝山，應即磅礴山，上古音的房 biuang、旁 bang 都是並母陽部，雙聲疊韻，康、唐字形接近而誤。燃燈的膏，就是《拾遺記》方丈山（澎湖島）的龍膏，也即鯨魚油。《拾遺記》說磅礴山有各神山的物品，《漢武帝別國洞冥記》也特別提到澎湖島，正是因爲澎湖島和大陸的交往更多。

上古燕齊方士追求的三神山蓬萊、方丈、瀛洲，就是呂宋、澎湖、臺灣，因爲在南方，難以到達，所以《史記》說唯有這三座山難以到達。因爲呂宋原來遠離傳統航路，所以直到宋代才再次爲中國記載，而文萊在孫吳就爲中國記載了。至於朝鮮、日本與沖繩一帶，早已爲燕、齊方士熟知，所以不在三神山之列。海上諸島的名字，從上古到六朝都很穩定，因爲海上航行的人不可能隨意變動地名，否則會引發麻煩或災難。

五大仙山的名字，蓬萊是音意兼譯，呂宋是熱帶雨林氣候，草木茂密，蓬萊都是草。方壺可能也有土著語言根據，但是也有可能源自漢人命名的平湖。澎湖島確實也接近四方形，所以《十洲記》說方丈洲是方形，陶弘景《眞誥》也說方諸（方壺）是方形。瀛洲或許也是漢人命名，但是也確實是海中，瀛是越語的海。員嶠也是音意兼譯，員嶠 yan-kiu 音近 Yaku，屋久島也是圓形。岱輿如果是源自大隅，則是漢名，也可能有土著語言基礎。

六、龍伯是流鬼

既然五大神仙的名字都有根據，則龍伯國不可能是亂編。龍伯國人的特點是很高大，一定在東北部。

史書記載的長人國，包括韓國、阿依努人等多個民族。《楚辭·招魂》:「東方不可託些，長人千仞，惟魂是索些。」《三國志》卷三十《東夷傳》、《後漢

書》卷八十五《東夷傳》說韓國東南部的弁辰：「人形皆長大。」〔註38〕《山海經・海內北經》說：「大人之市在海中。」上文說過，這是東南海外的大人國。《海外東經》說東北部的大人國：「爲人大，坐而削舡。」〔註39〕這個大人國的特點是擅長航海，《越絕書》卷二《記吳地傳》說：

> 婁東十里坑者，古名長人坑，從海上來，去縣十里。

從海上來到吳越的是長人，但是不知是韓國人還是更北的長人。日本海西岸的挹婁人，也很高，《三國志・東夷傳》說：

> 北沃沮，一名置溝婁，去南沃沮八百餘里，其俗南北皆同，與挹婁接。挹婁喜乘船寇鈔，北沃沮畏之，夏月恒在山岩深穴中爲守備，冬月冰凍，船道不通，乃下居村落。王頎別遣追討宮，盡其東界。問其耆老，海東復有人不？耆老言，國人嘗乘船捕魚，遭風見吹數十日，東得一島，上有人，言語不相曉，其俗常以七月取童女沈海。又言有一國，亦在海中，純女無男。又說得一布衣，從海中浮出，其身如中人衣，其兩袖長三丈。又得一破船，隨波出在海岸邊，有一人項中復有面，生得之，與語不相通，不食而死。其域皆在沃沮東，大海中。〔註40〕

挹婁人喜歡在冬天乘船劫掠北沃沮，南沃沮的中心在今朝鮮的咸興，北沃沮的中心在今圖們江下游，挹婁在其北。

唐代人稱日本的土著阿依努人爲長人，《太平廣記》卷四百八十一引唐代牛肅《紀聞》：

> 新羅國，東南與日本鄰，東與長人國接。長人身三丈，鋸牙鉤爪，不火食，逐禽獸而食之，時亦食人。裸其軀，黑毛覆之。其境限以連山數千里，中有山峽，固以鐵門，謂之鐵關。常使弓弩數千守之，由是不過。
>
> 天寶初，使贊善大夫魏曜使新羅，策立幼主。曜年老，深憚之。有客曾到新羅，因訪其行路。客曰：「永徽中，新羅、日本皆通好，遣使兼報之。使人既達新羅，將赴日本國，海中遇風，波濤大起，數十日不止。隨波漂流，不知所屬，忽風止波靜，至海岸邊。日方

〔註38〕〔晉〕陳壽：《三國志》，第853頁。
〔註39〕袁珂校注：《山海經校注》，第299頁。
〔註40〕〔晉〕陳壽：《三國志》，第847頁。

欲暮，時同志數船，乃維舟登岸，約百有餘人。岸高二三十丈，望見屋宇，爭往趨之。有長人出，長二丈，身具衣服，言語不通。見唐人至，大喜，於是遮擁令入宅中，以石填門，而皆出去。俄有種類百餘，相隨而到，乃簡閱唐人膚體肥充者，得五十餘人，盡烹之，相與食啖……諸人更相縋下，至水濱，皆得入船。及天曙船發，聞山頭叫聲，顧來處，已有千餘矣。絡繹下山，須臾至岸，既不及船，號吼振騰。使者及婦人並得還。」

又引《玉堂閒話》：

六軍使西門思恭，常銜命使於新羅。風水不便，累月漂泛於滄溟，罔知邊際。忽南抵一岸，亦有田疇物景，遂登陸四望。俄有一大人，身長五六丈，衣裾差異，聲如震雷，下顧西門，有如驚歎。於時以五指撮而提行百餘里，入一岩洞間，見其長幼群聚，遞相呼集，競來看玩。言語莫能辨，皆有歡喜之容，如獲異物。遂掘一坑而置之，亦來看守之。信宿之後，遂攀緣躍出其坑，徑尋舊路而竄。才跳入船，大人已逐而及之矣，便以巨手攀其船舷，於是揮劍，斷下三指，指粗於今槌帛棒。大人失指而退，遂解纜。舟中水盡糧竭，經月無食，以身上衣服，醢而啖之。後得達北岸，遂進其三指，漆而藏於內庫。

長人國在新羅之東，不是日本，身上有黑毛，顯然是日本的土著阿依努人，特點是毛髮很長，排在世界前列。阿依努人現在居住在北海道，原來居住在整個日本列島。

段成式《酉陽雜俎》卷十四《諾皋記上》：

大定初，有士人隨新羅使，風吹至一處，人皆長鬚，語與唐言通，號長鬚國。人物茂盛，棟宇衣冠，稍異中國，地曰扶桑洲……王乃令具舟，命兩使隨士人，謂曰：「煩駙馬一謁海龍王，但言東海第三汊第十島長鬚國有難求救。」……令二使送客歸中國。一夕，至登州。

長鬚國即阿依努人，此處可能是本州島北部的阿依努人，所以比較開化，而且有扶桑之名。

因為日本海的海流是逆時針流動，所以一旦過了新羅，進入日本海，則很容易漂流到北海道。

　　因爲長人可能是日本海沿海的很多民族，所以我們必須根據讀音來尋找其原型。龍伯的讀音，最接近尼夫赫（Nivkh），唐代譯爲流鬼，《新唐書》卷二百二十《東夷傳》：

> 流鬼去京師萬五千里，直黑水靺鞨東北，少海之北，三面皆阻海，其北莫知所窮。人依嶼散居，多沮澤，有魚鹽之利。地蚤寒，多霜雪，以木廣六寸、長七尺繫其上，以踐冰，逐走獸。土多狗，以皮爲裘。俗被髮。粟似莠而小，無蔬蓏它穀。勝兵萬人。南與莫曳靺鞨鄰，東南航海十五日行，乃至。貞觀十四年，其王遣子可也餘莫貂皮，更三譯來朝。授騎都尉，遣之。〔註41〕

　　流鬼人，住在靺鞨之北的海島上，三面是海，即今鄂霍次克海西北部的尙塔爾（Shantar）群島。很多人誤以爲流鬼人住在堪察加半島，張松指出流鬼即尼夫赫的音譯，主要在尙塔爾群島而非堪察加半島。〔註42〕我認爲流鬼不可能在堪察加半島，因爲從庫頁島到堪察加半島的距離很遠，古人不會輕易到達堪察加半島。更不可能在敘述東北民族時，跳過黑龍江下游和庫頁島，而突然說到遙遠的堪察加半島。

　　其實流鬼是音譯兼意譯，他們住在海上，所以說是流中之鬼。下文將指出，東漢的《漢武帝別國洞冥記》稱尼夫赫爲勒畢國。

　　尼夫赫人現在主要居住在黑龍江河口和庫頁島北部，現在僅有 5000 多人。尼夫赫人說一種孤立語言，被歸入古西伯利亞語系。

　　清代人稱爲費雅喀，臺北故宮博物院收藏的謝遂《職貢圖》卷二的《費雅喀》圖，文字說：「費雅喀在松花江極東，沿海島散處。以漁獵爲生，男女俱衣犬皮，夏日則用魚皮爲之。性悍好鬥，出入常持兵刃，歲進貂皮。」松花江極東，即松花江海口。松花江向東北流，但是古人籠統地稱爲東流。

　　此圖第二卷的費雅喀族之前有鄂倫綽（鄂倫春族）、奇楞（涅吉達爾族）、庫野（庫頁族），其下有恰喀拉（烏德蓋族）、七姓（赫哲族）、赫哲。

　　這種民族遷徙現象在歷史上氣候變冷時期特別顯著，而且是世界現象。北歐的維京海盜大舉南遷時，就是氣候變冷時。

　　我認爲，龍伯就是 Nivkh 的音譯，因爲 l、n 接近，所以龍譯 ni，漢代譯爲勒。現在閩南語的龍，讀爲 lin。其實《山海經·海內北經》黃河所出的凌

〔註41〕　〔宋〕歐陽修、宋祁：《新唐書》，第6209～6210頁。
〔註42〕　張松：《流鬼族屬方位考》，《黑龍江民族叢刊》2009年第6期。

門山即龍門山，可見古代中原的龍、凌讀音也接近。伯的上古音是 bak，所以譯 vk。因為 b、v 都是唇音，非常接近。

清代謝遂《職貢圖》的費雅喀族

尼夫赫人通過海路可以南下到朝鮮半島沿岸，不知古書所說劫掠北沃沮的挹婁人是不是就是他們。因為他們身材高大，劫掠到了九州島，所以有龍伯國人侵害岱輿、員嶠的傳說。下文會說到，元代庫頁島上的骨嵬（庫頁）人和黑龍江河口的亦里干（尼夫赫）人就經常劫掠在今黑龍江省東部三江平原的一帶吉里迷人，說明尼夫赫人確實有在冬天南征的傳統。

尼夫赫人，現在不為世人所知，但是在上古東方海洋史上應有重要地位。漢代的《漢武帝別國洞冥記》說他們進貢巨蟹、蜂鳥，說明這是一個海洋民族，活動範圍廣泛。元代人把黑龍江下游的水上民族稱為水達達，建有水達達路，《元史·地理志》遼陽行省：「其居民皆水達達，女直之人，各仍舊俗，無市井城郭，逐水草為居，以射獵為業。」〔註43〕又說：「有俊禽曰海東青，

〔註43〕譚其驤：《元代的水達達路和開元路》，《長水集》下冊，人民出版社，2009年，第328~333頁。

由海外飛來，至奴兒干，土人羅之，以爲土貢。」海東青也是東北海路的重
要商品，金代元好問《續夷堅志》說：

> 王內翰元仲《集錄》：「近年海邊獵人，航海求鶻。至一島，其
> 人穴居野處，與諸夷特異，言語絕不相通。射之中，則捫血而笑。
> 獵者見男子則殺之，載婦人還。將及岸，悉自沉於水。他日再往，
> 船人人執一婦，始得至其家。婦至此不復食，有逾旬日者。一旦，
> 皆自經於東岡大樹上。」〔註44〕

獵人爲了尋找海東青，而到了偏僻的海島。女眞人是通古斯語族民族，
這個海島上的人說的是一種很奇怪的語言，應該是一種孤立語，很可能就是
庫頁島上的尼夫赫人。

一般認爲尼夫赫語的尼夫赫是人，我認爲尼夫赫的語源很可能是魚，《金
史》卷一百三十五《國語解》的姓氏條說：「尼忙古曰魚。」這是意譯，可以
還原爲 nimanku，現在滿語的魚是 nimaha，讀音接近 Nivkh，所以尼夫赫人就
是因爲是漁民而得名，魚是尼夫赫人最主要的食品。清代人稱赫哲族等黑龍
江下游的漁業民族爲魚皮達子，所以尼夫赫很可能是魚。

根據分子人類學的最新研究，尼夫赫人的 Y 染色體有 38%是 C（M217），
這是蒙古語族和通古斯語族的基本成分。但是尼夫赫人另有 35%是 P1（M45、
K2b2a），P1 在阿爾泰山的圖瓦人中有 35%，楚科奇人有 20%，科里亞克人有
18%，尤皮克人有 18%，維吾爾人有 17%，主要分布在北亞，從東向西遞減。

但是和 P1 關係最近的 P*（K2b2*）、SM（K2b1）主要分布在東南亞和大
洋洲。P*（K2b2*）在菲律賓的矮黑人艾坦（Aeta）人中最高，有 28%。K2b1
在巴布亞新幾內亞最高，有 82.76%，瓦努阿圖有 76.5%，所羅門群島有 71.5%，
馬紹爾群島有 63.64%，帕勞有 61.5%，艾坦人有 60%。

這就說明尼夫赫人的祖先確實是沿海岸遷徙，他們的祖先很可能是在菲
律賓到沖繩、日本一帶，所以和他們血緣關係最近的民族都在東南亞和大洋
洲。則龍伯（尼夫赫人）劫掠沖繩的傳說，也有可能是上古尼夫赫人從菲律
賓、臺灣北遷時留下。

在分子人類學之前，我們以爲東南亞和太平洋民族都是從中國東南沿海
遷出的越人，而不知在此前的幾萬年，東南亞沿海是 Y 染色體爲 P 的族群居

〔註44〕　〔金〕元好問撰、常振國點校：《湖海新聞夷堅續志》，北京：中華書局，2006
　　　　年，第 75 頁。

住地。現在歐美人是 Y 染色體主要是 R、美洲土著的 Y 染色體主要是 Q，都是從 P 衍生出來，他們的祖先原來也在中國東南沿海。

說明中國東南沿海是全世界文明最重要的誕生地，艾坦人中的 K2b 高達 83%，其中 K2b1 有 60%，還有 K2b2*和 K2b2b。雖然現代 K2b1 在巴布亞新幾內亞人中的比例最高，但是原來應是從菲律賓南下，所以艾坦人中的比例也很高。所以 P 的誕生地很可能在臺灣海峽附近，這裡在冰期時是平原。而後一支北上，是 P1（K2b2a），也即尼夫赫人，又從中分化出 R、Q。一支南下，即 K2b2*和 K2b1。現在臺灣島沒有矮黑人，但是賽夏族有矮靈祭，傳說他們最早消滅了一種土著小矮人，因而祭祀小矮人。說明臺灣島原來也有矮黑人，不過因為現在東亞和東南亞的主要族群 NO 族群的擴張才消失。

如果我們把最早從印度尼西亞遷到澳大利亞的 Y 染色體為 C 的族群稱為第一海洋民族，從亞洲大陸遷到日本列島、安達曼群島的 Y 染色體為 D 的族群稱為第二海洋民族，則從亞洲大陸遷到太平洋諸島的 Y 染色體為 P、S、M 的族群可以稱為第三海洋民族，最後一波從亞洲大陸遷出的 Y 染色體為 O 的族群也即南島語系民族，就是第四海洋民族。

需要說明的是，古代韓國有的人把三神山附會在今韓國，說蓬萊山是金剛山，方丈山是智異山，瀛洲山是漢拿山，另有人主張三神山是白頭山（長白山）。〔註45〕此說晚到明代才逐漸出現，完全出自附會，缺乏堅實的證據，顯然不確。三神山或五神山分布的地域範圍很大，不可能僅在今天的某一個國家。

不過我們也不能過度誇大方士的海外探險成績，有學者認為《海內十洲記》地名主要在今美洲，帶洲是庫頁島，方丈洲是四國島，又說瀛洲東部的淵洞是深達 6000 米的海溝，〔註46〕全部誤考。美洲太遠，而且其定在美洲的地名在《海內十洲記》中，多在西海和北海，美洲在中國東方，方位不合，論據也都錯誤。庫頁島寒冷，人煙稀少，中國人很少去。而說方丈洲是四國島的證據是四國島近似方形，其實方丈洲方形是晚出附會，中國人去四國島也不多。古人不可能發現深達千米的海溝，此說純屬臆測。

〔註45〕〔朝〕李能和輯述、孫亦平校注：《朝鮮道教史》，齊魯書社，2016 年。〔日〕福井康順、山崎宏、木村英一、酒井忠夫監修、朱越利、馮佐哲等譯：《道教》第三卷，上海古籍出版社，1992 年，第 51 頁。

〔註46〕鞠德源：《中國先民海外大探險之謎》，北京圖書館出版社，2003 年。

　　還有人說，南洋的琅琊（Lingga）島、菲律賓的林加延（Lingayen）可能源自山東琅邪，反映山東人的航海成就。〔註 47〕我認為此說大謬，南洋的林加（Lingga）源自印度教濕婆崇拜物，很晚才被某些人譯為琅琊，古代一般翻譯為龍牙。元代汪大淵《島夷志略》稱為龍牙菩提，《順風相送·苧盤往舊港並順塔針路》的龍牙門在林加島，新加坡南另有龍牙門。這些地名和山東琅邪毫無關係，不能證明山東人的航海成就。

　　員嶠山即屋久島，在黑潮之中，《拾遺記》說其北的浣腸國人常年在海上航行，而且測量天下的長短，環繞大地盡頭的八根天柱，說明這裡的人在海上周遊世界。其實這不是誇張，因為黑潮向北流經日本列島東南部，再向東北，形成北太平洋暖流，流到美洲，沿加利福尼亞海岸南下墨西哥海岸，形成加利福尼亞寒流，再向西南流經赤道北部，形成北赤道暖流，再向東北，到菲律賓與臺灣的東部，形成黑潮，這一圈洋流構成北太平洋環流。所以古人從亞洲東部的島鏈，順著洋流，可以到達美洲。

　　美洲最早的文明奧爾梅克文明受到東亞文明的強烈影響，奧爾梅克文明與中國的殷商文明有很多類似之處，奧爾梅克文明恰好在中國商代時興起。李約瑟在他的名著《中國科學技術史》提出，他又與魯桂珍有專著，論證美洲文明最早源自中國。〔註 48〕

　　張光直雖然承認中國與美洲古文明的諸多相似點，又提出「瑪雅—中國文化連續體」，但是他認為這種相似點來自遠古時期共有的「環太平洋文化底層」，也即美洲土著從亞洲遷入美洲之前的文化底層，而非後來的接觸，太平洋航路距離太遠。〔註 49〕但是張光直的學生陳光祖認為這種航行可以實現，而且商與奧爾梅克文明時間相當，不應比較不同時代的中國與瑪雅文明，而應比較同時代的中國與奧爾梅克文明。〔註 50〕

〔註 47〕王子今：《東海的「琅邪」和南海的「琅邪」》，《文史哲》2012 年第 1 期。

〔註 48〕Joseph Needham and Gwei-Djen Lu: *Trans-Pacific Echoes and Resonances: Listening Once Again*. Philadelphia, PA: World Scientific. 王渝生主譯：《再次聆聽大洋兩岸的共鳴——回顧跨越太平洋的文化科學交流》，紐約：八方文化企業公司，1991 年。

〔註 49〕張光直：《古代中國及在人類學上的意義》，《史前研究》第 2 期，1985 年。張光直：《連續與破裂：一個文明起源新說的草稿》，《九州學刊》第一期。張光直：《中國古代文明的環太平洋的底層》，《遼海文物學刊》1989 年。

〔註 50〕陳光祖：《張光直「馬雅——中國文化連續體」與「環太平洋文化底層」說的再思考》，《東亞考古學的再思考——張光直先生逝世十週年紀念論文集》，歷

　　我認為，古代中國和美洲古文明跨越大洋的交流史還可以深入研究。或許這種跨越大洋的交流確實不是很密切，但是不能說沒有交流。有時即使是偶然的交流，也能改變某一個偏遠地方的文明進程。也不能因為交流不密切，就說互相之間不能瞭解。有時偶然獲得的傳聞，也有一些可信的成分。雖然跨越太平洋的航行非常困難，但是不僅有偶然出現的可能，還有宗教人士探險的可能。古代很多民族崇拜太陽，他們為了探求太陽升起的地方，或許會不畏艱難，勇敢地向東航行，到達美洲。

　　過去一般認為美洲土著的祖先是從白令海峽走到北美洲，最新的研究表明很可能是沿海岸到北美洲。如果這個推論確實，更證明早期人類的擴散主要是從海岸延伸到內陸。因為海岸最容易獲得魚鹽，鹽是人必須的礦物，魚蝦貝類容易捕捉，而且富有營養，所以古人沿海岸擴散最容易，所以環北太平洋的航路可能很早就有了。

第三章　漢晉方士書中的海外地理

　　以前的中外交流史的研究，忽視了很多漢晉雜記。有的古人因爲知識貧乏，斥責這類雜記全是僞造，唐代劉知幾《史通・雜述》說：「如郭子橫之《洞冥》、王子年之《拾遺》，全構虛辭，用驚愚俗。」指責東漢道士郭憲的《漢武帝別國洞冥記》、前秦道士王嘉的《拾遺記》，《四庫全書總目提要》說：「嘉書蓋仿郭憲《洞冥記》而作，其言荒誕，證以史傳皆不合。」其實這是古人的偏見，現在看來必須要爲這些珍貴的古籍正名。

　　很多漢晉雜記已經散佚，現在用的是輯佚本，各書所引有所出入，本文不一一比勘，請看王國良的諸多研究。

一、郭憲《漢武帝別國洞冥記》

　　漢代郭憲撰《漢武帝別國洞冥記》，《隋書・經籍志》史部雜傳類《漢武洞冥記》作郭氏撰，《初學記》、《史通・雜述》、《舊唐書・經籍志》等作郭憲撰。古人歸入史部，因爲此書記載域外各國向漢武帝進貢奇珍異寶。此書往往被人看成志怪小說，前人從未發現此書其實是中外交流史上的一部寶書。

（一）作者與內容

　　郭憲在《後漢書・方術傳上》有傳，大略說郭憲是汝南郡宋人，少師事東海王仲子，即王良。王莽拜憲郎中，憲逃於東海之濱。光武帝徵憲，拜博士。建武七年（31 年），爲光祿勳。預測齊地失火，又預測西征隗囂不成。力諫不宜出征匈奴，帝令兩郎扶下殿，憲亦不拜。以病辭退，卒於家。

　　今《別國洞冥記》通行本四卷，前有郭憲自序說：「憲家世述道書，推求先聖往賢之所撰集，不可窮盡，千室不能藏，萬乘不能載，猶有漏逸。或言浮誕，非政教所同，經文史官記事，故略而不取，蓋偏國殊方，並不在錄。

愚謂古曩餘事，不可得而棄。況漢武帝，明俊特異之主，東方朔因滑稽浮誕，以匡諫洞心於道教，使冥跡之奧，昭然顯著。今籍舊史之所不載者，聊以聞見，撰《洞冥記》四卷，成一家之書，庶明博君子該而異焉。武帝以欲窮神仙之事，故絕域遐方，貢其珍異奇物，及道術之人，故於漢世盛於群主也。故編次之云爾。」郭家世代信道，郭憲搜羅絕域珍寶，著成此書。此書內容與《後漢書》的記載可以證明，郭憲應是作者。雖然書中的內容未必都出自漢武帝時，但是能反映漢代情況大體不誤。

有人懷疑此書不是郭憲所作，四庫館臣以為是六朝人偽託，魯迅認為是晉人假託郭憲。北宋晁載之《續談助》引唐代張柬之語，謂後梁尚書蔡天寶《與岳陽王啓》稱湘東王造《洞冥記》。余嘉錫據《周書》、《北史》說蔡天寶應是蔡大寶，則《洞冥記》是湘東王也即梁元帝蕭繹作。李劍國認為蕭繹《金樓子‧著書》自列著作三十八種，無《洞冥記》，蕭繹貴為帝王，不必假託漢代的郭憲。而梁陳時人顧野王作《續洞冥記》，或是誤傳。王國良說書中有道教二字，漢代不應有道教之名，又說書中說漢魏火德，這是王莽與光武所定，書中的《五嶽眞形圖》是六朝出現。漢代時也不可能有太多的書，必須要到六朝道教典籍編造到相當可觀的程度才能出現。〔註1〕李劍國認為這三證不能推翻作者是郭憲之說，因為道教之名由來難考，火德在郭憲之前已有，《五嶽眞形圖》在漢代可能已有。〔註2〕

我以為《別國洞冥記》是漢代郭憲所作，我們今天看到的僅是歷史上很少一些書，歷史上的大多數典籍已經散佚。不能說漢代就不能有很多書，六朝道教典籍增多和郭憲在漢代藏書多少無關。郭憲主要是參考歷史和地理著作，而非道教著作。

李劍國之說有理，漢代早已有《五嶽眞形圖》，我還發現漢代甚至很可能已有描繪海外地理的《十洲眞形圖》。《別國洞冥記》內容非常奇怪，如果眞是梁元帝所作，史書不應不提。梁元帝作書之說，竟是宋代人發現，非常可疑。而且我們現在看到的書名是《漢武帝別國洞冥記》，雖然可簡稱為《洞冥記》，但是梁元帝所作的或許是另一部《洞冥記》，模仿《漢武帝別國洞冥記》，這種同名異書的情況上在歷史上也有很多。今本《漢武帝別國洞冥記》尚且有四卷，傳說梁元帝所作的《洞冥記》僅有一卷，今本不可能是在這一卷的

〔註1〕王國良：《漢武洞冥記研究》，臺北：文史哲出版社，1989年，第3～4頁。
〔註2〕李劍國：《唐前志怪小說史》，人民文學出版社，2011年，第186～187頁。

基礎上增多。所以傳說梁元帝所作的一卷《洞冥記》，應是改編本或續編本。因為六朝人看漢代的奇書尚有難度，所以有很多改編本。

我們如果對比《漢武帝別國洞冥記》與六朝人偽託漢代人所作的《漢武帝內傳》、《漢武故事》，很容易發現，《別國洞冥傳》所記的域外珍寶，多有詳細描述，而《漢武帝內傳》、《漢武故事》找不到域外珍寶的詳細描述，僅在文學鋪排時提到方物之名，可見《漢武帝內傳》、《漢武故事》晚於《別國洞冥記》。《別國洞冥記》雖然也有道教思想，但是不像《漢武帝內傳》、《漢武故事》那樣浸透全書。《漢武帝內傳》、《漢武故事》是有意創作，而《別國洞冥記》多是郭憲從各處抄錄的地理資料。《別國洞冥傳》是帶有色彩的地理書，而《漢武帝內傳》、《漢武故事》是純粹的宗教書。

今人往往誤以為這類方士之書為小說，這是對方士的貶低。自古以來，域外探險的三大主力是商人、教士與使者，因為路途艱險，唯有商人出於牟利售販、教士出於尋仙傳教、使者出於政治需要，才能積極探險。中國古代早期的域外地理資料往往蘊藏在方士書中，首推《山海經》，胡厚宣發現《山海經》記載的四方名與四方風名竟在商代甲骨文中有完全對應的記載，而《尚書・堯典》竟把四方神改為四方民。〔註3〕可見看似荒誕的《山海經》反而可信，而看似威嚴的《堯典》反而是儒家篡改的作品。《山海經》書中的地理內容多有根據，本文不作細說。其次是《神異經》、《海內十洲記》與《拾遺記》等書，我已指出《神異經》對火山、石棉、西伯利亞猛獁、蘇拉威西鹿豚等記載非常寶貴，另外椰子、木瓜、甘蔗、獅子在今人看來是尋常之物，對漢代中原人來說是罕見事物。〔註4〕

《別國洞冥記》卷一的垂龍木可能是龍爪槐，卷三的龍爪薤可能是蟹爪菊，這些國產植物在漢代還很罕見，現在則很常見，不必多說。

有學者指出，《別國洞冥記》卷四：「有喜日鵝，至日出時銜翅而舞，又名曰舞日鵝。」對應《梁書》卷五十四《西北諸戎傳》高昌國：「有朝烏者，旦旦集王殿前，為行列，不畏人，日出然後散去。」〔註5〕其實，除了這條，書中可考的域外珍奇還有很多。

〔註3〕胡厚宣：《甲骨文四方風名考證》，《甲骨學商史論叢初集》，河北教育出版社，2002 年，第 265～276 頁。

〔註4〕周運中：《中國南洋古代交通史》，廈門大學出版社，2015 年，第 109～111 頁。

〔註5〕羅欣：《漢唐博物雜記類小說研究》，中國社會科學出版社，2016 年，第 32 頁。

（二）西域諸國考

《別國洞冥記》卷一說：

> 波祗國，亦名波弋國。獻神精香草，亦名荃蘼，亦名春蕪。一
> 根百條，其間如竹節，柔軟，其皮如弦，可爲布，所謂春蕪布，亦
> 名香荃布，堅密如紉冰也。握一片，滿室皆香，婦人帶之，彌有芬
> 馥。

波祗、波弋即波斯，荃蘼、春蕪音近，很可能是沒藥，唐末李珣《海藥本草》引六朝徐表《南洲記》：「沒藥，波斯松脂也，狀如神香，赤黑色，味苦溫。」段成式《西陽雜俎》卷十八：「沒樹出波斯國。」沒藥其實生在阿拉伯半島，美國人勞費爾（Berthold Laufer）指出沒是音譯，阿拉伯語是 murr，波斯語是 mor，〔註6〕讀音接近蘼、蕪。沒藥的外形接近蘼蕪，都開白花。徐表《南洲記》說類似神香，此處也說神精香草。

《別國洞冥記》卷二說：

> 元鼎五年，郅支國貢馬肝石百斤。常以水銀養之，內玉櫃中，
> 金泥封其上。國人長四尺，惟餌此石而已。半青半白，如今之馬肝。
> 春碎以和九轉之丹，服之，彌年不饑渴也。以之拂髮，白者皆黑。

馬肝石來自郅支國，《漢書・陳湯傳》說匈奴郅支單于吞併康居，郅支城在都賴水上，一般認爲都賴水是今哈薩克斯坦的塔拉斯河，說明馬肝石來自中亞或更西之地。這種類似馬肝與石頭的食物不僅使人不渴不餓，還能使白髮變黑，極有營養。我以爲是乾奶酪，類似石頭，又解饑渴。半青半白，則是藍紋奶酪。藍紋奶酪因爲綠黴菌的繁殖而形成藍綠色的花紋，現在歐洲有產，古代中亞很可能也有。

《別國洞冥記》卷二說：

> 瑤琨，去玉門九萬里，有碧草如麥，割之以釀酒，則味如醇酎，
> 飲一合，三旬不醒。但飲甜水，隨飲而醒。

類似麥的碧草即大麥，釀出的是啤酒。去玉門九萬里，則在今西亞或東歐，這是中國史書中記載最早的啤酒。2016 年 5 月 23 日，陝西省西安市米家崖遺址發現了公元前 3400～2900 年前的釀造啤酒器具。這個發現雖然令人震撼，但是不難推想，啤酒未能在古代中國廣泛、持久地傳播，很可能失傳，

〔註6〕〔美〕勞費爾著、林筠因譯：《中國伊朗編》，北京：商務印書館，2015 年，第 308～311 頁。

所以古代中國文獻基本不提啤酒。

瑤琨很可能是印歐語系的大麥，印地語是 jau，波斯語是 jaw，俄語是 jačmén，可見斯拉夫語族的大麥讀音更接近瑤琨。所以瑤琨是在東歐草原，所以原文說在玉門關外九萬里。九萬里很遠，正是因爲在東歐，可見古人不是亂說。從上一條馬肝石出自郅支來看，漢代人已經知道從中亞到東歐有一條路。

《別國洞冥記》卷二：

> 元封三年，大秦國貢花蹄牛。其色駁，高六尺，尾環繞其身，角端有肉，蹄如蓮花，善走，多力。

大秦是羅馬，花蹄牛是瘤牛，所謂角端有肉，應是背上突起。瘤牛原產在印度，後來傳到西方。

《別國洞冥記》卷二：

> 太初二年，東方朔從西那汗國歸，得聲風木十枝獻帝。長九尺，大如指。此木臨因桓之水，則《禹貢》所謂因桓是也，其源出甜波。樹上有紫燕黃鵠集其間，實如油麻，風吹枝如玉聲，因以爲名。帝以枝遍賜尊臣，臣有凶者，枝則汗，臣有死者，枝則折。昔老聃在於周世，年七百歲，枝竟未汗。偓佺生於堯時，年三千歲，枝竟未一折。

西那汗，讀音接近撒馬爾罕（Samarkand）。聲風木，我以爲就是齊墩樹，段成式《酉陽雜俎》卷十八：

> 齊暾樹，出波斯國。亦出拂林國，拂林呼爲齊虎。樹長二三丈，皮青白，花似柚，極芳香。子似楊桃，五月熟。西域人壓爲油以煮餅果，如中國之用巨勝也。

巨勝是芝麻，其實也是來自西域。虎的下部，原誤爲虛，但是原文注解說讀音是湯兮反，說明是虎。勞費爾指出，齊墩源自波斯語的 zeitun。齊虎源自格魯辛尼亞語與歐塞提克語的 zeti，或亞美尼亞語的 jēt、dzēt。滿語稱爲 ulusun，接近拉丁語的橄欖油 oleum。〔註7〕

齊墩果可以榨油，聲風木的果實如油麻，齊墩果長三丈，聲風木長九尺，所以是一種樹。風吹所有樹枝都有聲音，不可能因此叫聲風木，此名必然是漢人附會。聲的讀音接近 zei，但是風的讀音不接近 tun。《別國洞冥記》又說

〔註7〕〔美〕勞費爾著、林筠因譯：《中國伊朗編》，第 259～261 頁。

風吹出的是玉聲，玉聲的讀音接近滿語的 ulusun，但是滿語的出現太晚，勞費爾懷疑滿語來自拉丁語，所以聲風木之名應非來自玉聲木。風可能是囷的形訛，聲囷即 zeitun 的音譯。《西京雜記》卷一上林名果異木：「鳴風木十株。」鳴風木，或即聲風木。

《別國洞冥記》卷三：

> 有龍肝瓜，長一尺，花紅葉素，生於冰谷。所謂冰谷素葉之瓜。
> 仙人瑕丘仲採藥，得此瓜，食之，千歲不渴。瓜上恒如霜雪，刮嘗，
> 如蜜滓。及帝封泰山，從者皆賜冰谷素葉之瓜。

龍肝瓜無疑是哈密瓜，外有花紋，類似肝臟紋理，故名龍肝瓜，類似藍紋奶酪稱爲馬肝石。出自冰谷，甜如蜜汁。瓜的葉子都是綠色，素葉顯然不是指葉子素色，這是漢人的附會。素葉應是碎葉的音譯，玄奘《大唐西域記》卷一有素葉水城，即碎葉城。碎葉、素葉源自粟特，所以素葉瓜雖然是哈密瓜，但是未必出自素葉城，或許是因爲漢人最早通過粟特商人吃到，故名素葉瓜，類似阿拉伯字母是阿拉伯人傳播的印度字母。

《別國洞冥記》卷三：

> 帝舒暗海玄落之席，散明天發日之香，香出胥池寒國。地有發
> 日樹，言日從雲出，雲來掩日，風吹樹枝，拂雲開日光也。亦名開
> 日樹。樹有汁，滴如松脂也。

胥的上古音是 sia，中古音是 sio，池的上古音是 dai，現在閩南語讀爲 ti，寒的上古音是 gan，胥池寒國無疑就是粟特國 Soghdiana。

發日樹，應即阿勃參樹，段成式《酉陽雜俎》卷十八：「阿勃參，出拂林國。長一丈餘，皮色青白。葉細，兩兩相對。花似蔓菁，正黃。子似胡椒，赤色。斫其枝，汁如油，以塗疥癬，無不瘥者。其油極貴，價重於金。」勞費爾指出阿勃參源自阿刺邁克語（Aramaic）的 afursama，漢語古音的勃是 bwut，參是 sam。這種樹原產阿拉伯半島與埃塞俄比亞，移植到巴勒斯坦。樹皮流出的汁液是香料，希臘人斯特拉波說樹汁能治療紅眼病和視力模糊。[註8]

發日樹流出的汁液類似松脂，即阿勃參樹。發日即阿勃參的異譯，開頭的 a 省略，發的上古音是 piuat，音近勃，唯有日的上古音是 ȵiet 讀音不近。或許因爲此樹開花時，滿樹金黃，類似日光。所以說拂雲開日光，樹汁又能治

〔註8〕 〔美〕勞費爾著、林筠因譯：《中國伊朗編》，第274～276頁。

療視力模糊，更是使人拂雲開光。

《別國洞冥記》卷一：

> 翕韓國獻飛骸獸，狀如鹿，青色。以寒青之絲爲繩繫之。及死，帝惜之而不瘞，掛於苑門。皮毛皆爛朽，惟骨色猶青。時人咸知其神異，更以繩繫其足。往視之，唯見所繫處存，而頭尾及骨皆飛去。

我以爲飛骸鹿就是駝鹿，駝鹿的毛主要是棕褐色，所以說是青黑色。所謂屍骸能飛，其實是古人對飛骸的附會解釋，這是古代地理書中的常見現象，不足爲怪。飛骸的上古音 piəi-he，很接近突厥語族的駝鹿，比如哈薩克語是 buği，柯爾克孜語是 bagiş，翕韓國很可能是突厥族群國家。

（三）東北諸國考

《別國洞冥記》卷二，東方朔解釋漢爲火德說：

> 臣常至吳明之墟，是長安東過扶桑七萬里，有及雲山。山頂有井，雲起井中，若土德王黃雲出，火德王赤雲出，水德王黑雲出，金德王白雲出，木德王青雲出。此皆應瑞德也。

扶桑之東七萬里的雲山，山頂有井，冒出火雲，顯然是火山，山上的火山口即井，冒出的雲是火山雲。而吳明國也不是杜撰，唐代蘇鶚《杜陽雜編》卷上記載貞元八年（793 年）吳明國：「貢常燃鼎、鸞蜂蜜。云其國去東海數萬里，經挹婁、沃沮等國。」說明吳明國在日本海沿岸，荷蘭人希勒格（Gustave Schlegel）解釋說西伯利亞民族會釀蜜。〔註 9〕今堪察加半島到千島群島，多有火山，吳明國應在這一帶。因爲氣候寒冷，所以發明了一種能持續燃燒的鼎。

清代居住在琿春以東到海岸的恰喀拉族，又名奇雅喀喇，喀拉是氏族，奇雅是滿語的蜜蜂，這個族以養蜂著稱。

不過吳明、及雲的讀音卻很接近古代黑龍江下游的吉里迷，上古音的吳是疑母魚部，明是明母陽部，及是群母緝部，雲是匣母文部，吳明 nga-miang、及雲 giəp-hiuən 讀音接近。

前人認爲吉里迷是黑龍江下游的民族總稱，我認爲很可能原來是專名，《金史·地理志》：「東極吉烈迷、兀的改、野人諸處。」此處所說有順序，吉里迷靠近兀的改，在今黑龍江省東部的三江平原以下。《元史》卷六《世祖

〔註 9〕〔荷〕希勒格著、馮承鈞譯：《中國史乘中未詳諸國考證》，《西域南海史地考證譯叢》第三卷，北京：商務印書館，1999 年，第 366～371 頁。

紀三》至元二年（1265年）三月癸酉：「骨嵬國人襲殺吉里迷部兵，敕以官粟及弓甲給之。」明《寰宇通志》卷十一引《開元新志》：「乞烈迷有四種，曰囊家兒、福里、兀剌、納衣。」可見吉里迷是一個不大的民族，僅有四個部落，不是黑龍江下游民族的統稱。

《別國洞冥記》卷二：

> 元封五年，勒畢國貢細鳥，以方尺之玉籠盛數百頭，形如大蠅，狀似鸚鵡，聲聞數里之間，如黃鵠之音也。國人常以此鳥候時，亦名曰候日蟲。帝置之於宮內，旬日而飛盡，帝惜，求之不復得。明年，見細鳥集帷幕，或入衣袖，因名蟬。宮內嬪妃皆悅之，有鳥集其衣者，輒蒙愛幸。至武帝末，稍稍自死，人猶愛其皮。服其皮者，多為丈夫所媚。勒畢國，人長三寸，有翼，善言語戲笑，因名善語國。常群飛往日下自曝，身熱乃歸。飲丹露為漿。丹露者，日初出有露汁如珠也。

這種像大蒼蠅的小鳥無疑是蜂鳥，因為羽毛豔麗，所以說類似鸚鵡。蜂鳥是美洲特產，最北分布到阿拉斯加。蜂鳥輸入中國有兩種可能途徑，一種是經過北赤道暖流到中國東南的海島，一種是阿拉斯加到中國東北。勒畢國應是黑龍江下游的尼夫赫人（Nivhk），音近勒畢，n、l 接近，b、v 接近。上文已經考證，《新唐書‧東夷傳》稱為流鬼，即尼夫赫的音譯。[註10]

所謂常群飛往日下自曝，身熱乃歸，說明勒畢國原有另外一種音譯日曝，音近 Nivkh。所謂日下自曝，是望文生義。

勒畢國又名善語國，上古音是 ȝian-nga，可能是薩哈（Sakha）的異譯，雅庫特人與尼夫赫人族源較近，雅庫特人自稱薩哈，分布在俄羅斯的雅庫特共和國到日本海一帶。

《別國洞冥記》卷三：

> 善苑國嘗貢一蟹，長九尺，有百足四螯，因名百足蟹。煮其殼，勝於黃膠，亦謂之螯膠，勝於鳳喙之膠也。

這種巨蟹，長達九尺，不是杜撰，現在日本到臺灣東北海域所產的巨螯蟹，學名 Macrocheira kaempferi，是現存最大的甲殼類動物，最大樣本的腿腳展開長達 4.2 米。善苑國即善語國，在日本海北部沿岸。

善苑、善語是薩哈，還有一證，《元經世大典‧征討》：

〔註10〕張松：《流鬼族屬方位考》，《黑龍江民族叢刊》2009年第6期。

至元十年，征東招討使塔匣剌呈言，以海勢風浪難渡，征伐不
到觧因、吉里迷、嵬骨等地。去年征行至弩兒哥地，問得兀的哥人厭
薛，稱欲征嵬骨，必聚兵，候冬月賽哥小海渡口結凍，冰上方可前去。

劉迎勝先生又引用《唐會要》卷九十六靺鞨：「今黑水靺鞨界，南與渤海
國顯德府，北至小海，東至大海，西至室韋。」或以爲小海是日本海，〔註11〕
或以爲小海是鄂霍次克海。〔註12〕

我以爲，賽哥小海是韃靼海峽，因爲中國古書中的小海都是海灣或海峽，
不可能是大海。《山海經・東次四經》的幼海，郭璞注：「幼海，即少海也。」
《韓非子》兩次提到齊景公遊少海，即小海，山東蓬萊水城裏的內海就叫小
海，海南省萬寧市有個海灣也叫小海，連雲港市雲台山原爲海島，與大陸之
間的小海峽也叫小海，見於唐代入華日本僧人圓仁的《入唐求法巡禮行紀》，
清代仍名小海，今爲小海村。〔註13〕

我以爲賽哥即薩哈，讀音很近。弩兒哥即奴兒干（今特林），明代在此設
奴兒干都司。前人也認爲賽哥小海即韃靼海峽，骨嵬即庫頁島上的庫頁人。〔註
14〕這就說明，善苑、善語、賽哥、薩哈原來確實是指黑龍江河口一帶，庫頁
島別名薩哈林島也是同源地名。

弩兒哥、奴兒干很可能源自尼夫赫 Nivkh，元代又作納里哥、納里干，《元
史》卷十七《世祖紀十四》至元二十九年（1292 年）三月己亥：

> 樞密院臣言：出征女直納里哥，議於合思罕三千新附軍內選撥
> 千人。詔先調五百人，行中書省具舟給糧，仍設征東招討司。

征東招討司設於奴兒干城，《元文類》卷四十一《招捕總錄》遼陽骨嵬條：

> 至大元年，吉烈迷百戶乞失乞乃言，嵬骨王善奴欲降，遣大河
> 沙者，至納里干。

納里哥、納里干的讀音更接近 Nivkh，說明古代的尼夫赫人不在庫頁島，
現在庫頁島北部的尼夫赫人是晚近遷去。《元史》卷五《世祖紀二》至元元年
（1264 年）十一月：

〔註11〕劉迎勝：《鯨川與鯨海小考：古代東亞圖籍中的日本海》，《從西太平洋到北印
　　　　度洋——古代中國與亞非海域》，南京大學出版社，2017 年。
〔註12〕安虎森、陳才：《中國文獻中的日本海地名溯源考》，《東北師大學報》1996
　　　　年第 4 期。
〔註13〕周運中：《〈山海經・東山經〉地理新釋》，《古代文明》2011 年第 3 期。
〔註14〕譚其驤主編：《中國歷史地圖集》第七冊，第 13 頁。

> 辛巳，征骨嵬。先是，吉里迷內附，言其國東有骨嵬、亦里於
> 兩部，歲來侵疆，故往征之。

亦里干，前人認為是納里干，讀音接近，可見吉里迷在納里干（尼夫赫）之西。《經世大典》說吉烈迷在兀的哥（兀的改）之西，位置符合。

前秦王嘉《拾遺記》卷五說漢惠帝：

> 時有東極，出扶桑之外，有泥離之國來朝。其人長四尺，兩角
> 如繭，牙出於脣，自乳以來，有靈毛自蔽，居於深穴，其壽不可測
> 也。

泥離國人在扶桑之外，牙從脣出，身有長毛，住在地穴。馬端臨《文獻通考》卷三百四十七流鬼國說：

> 其長老人傳言：其國北一月行，有夜叉人，皆豕牙翹出，啖人。
> 莫有涉其界，未嘗通聘。

荷蘭人希勒格（Gustave Schlegel）認為流鬼國在堪察加半島，俄羅斯最東北的楚科奇人會用獸骨插入上脣，正在堪察加半島之北，即泥離人、夜叉人。〔註15〕這說明漢魏時期的中國人確實能知道東北海外的民族。

《別國洞冥記》卷四：

> 武帝暮年，彌好仙術，與東方朔狎昵，帝曰：「朕所好甚者不
> 老，其可得乎？」朔曰：「臣能使少者不老。」帝曰：「服何藥耶？」
> 朔曰：「東北有地日之草，西南有春生之魚。」帝曰：「何以知之？」
> 朔曰：「三足烏數下地食此草，羲和欲馭，以手掩烏目，不聽下也，
> 長其食此草。蓋烏獸食此草，美悶不能動矣。」帝曰：「子何以知乎？」
> 朔曰：「臣小時掘井，陷落地下數十年，無所託寄。有人引臣欲往此
> 草，中隔紅泉，不得渡，其人以一隻屐與臣，臣泛紅泉，得至此草
> 之處，臣採而食之。其國人皆織珠玉為業，邀臣入雲嵋之幕，設玄
> 銀雕枕，刻黑玉，銅鏤為日月雲雷之狀，亦曰鏤雲枕。又薦蛟毫之
> 白綿，以蛟毫織為綿也。此毫柔而冷，常以夏日舒之，因名柔毫綿。
> 又有水藻之屏，臣舉手拭之，恐水流濕其席，乃其光也。」

東北的地日草，是一種長在地下的仙草，很可能是人參。人參是補品，所以說是美物。地日的日字很可能是表示缺字的□，誤為日。上文所說的發

〔註15〕〔荷〕希勒格著、馮承鈞譯：《中國史乘中未詳諸國考證》，《西域南海史地考證譯叢》第三卷，北京：商務印書館，1999年，第342～345頁。

日樹，日字讀音也不能對應，很可能也是□的誤抄。

因為東北天氣寒冷，所以有白毛織成的褥子，很可能不是蛟毛，而是貂毛。又有黑玉，因為東北在新石器時代就有崇拜玉的傳統，紅山文化的玉器已經非常精美。遼寧岫岩出墨玉，很可能就是此處所說的黑玉之類。

（四）南方諸國珍寶考

《別國洞冥記》卷二：

> 吠勒國貢文犀四頭，狀如水兕。角表有光，因名明犀。置暗中，有光影，亦曰影犀。織以為簟，如錦綺之文。此國去長安九千里，在日南。人長七尺，被髮至踵，乘犀象之車。乘象入海底取寶，宿於蛟人之舍，得淚珠。則蛟所泣之珠也，亦曰泣珠。

文犀、水兕都是犀牛，吠勒國在日南，在今越南。人長七尺，被髮至踵，說明不高，披髮。能入海底取珍珠，珍珠主要出自南海。《博物志》：「南海外有鮫人，水居如魚，不廢織績，其眼能泣珠。」蕭梁任昉《述異記》：「蛟人，即泉先也，又名泉客。」泉客是白水客上下連寫之誤，白水客即白水郎，即疍民。《太平寰宇記》卷九十八明州鄞縣：「東海上有野人，名為庚定子。舊說云昔從徐福入海，逃避海濱，亡匿姓名，自號庚定子。土人謂之白水郎。脂澤悉用魚膏，衣服兼資絹布，音訛亦謂之盧亭子也。」卷一百二泉州：「白水郎，即此州之夷戶，亦曰遊艇子……其居止常在船上，兼結廬海畔，隨時移徙。船頭尾尖高，當中平闊，衝波逆浪，都無畏懼，名曰了鳥船。」〔註16〕

吠勒的讀音，非常接近波遼。上古音的吠是 bat，《太平御覽》卷七百九十引《吳時外國傳》曰：「從西屠南去百餘里到波遼，十餘國皆在海邊。從波遼國南去，乘船可三千里，到屈都乾國地。有人民可二千餘家，皆曰朱吾縣民，叛居其中。從屈都乾國東去，船行可千餘里，到波延洲。有民人二百餘家，專採金，賣與屈都乾國。」《水經注》卷三六引《林邑記》說：「建武十九年，馬援樹兩銅柱於象林南界，與西屠國分漢之南疆也。土人以之流寓，號曰馬流，世稱漢子孫也。」岑仲勉認為波遼在今越南廣義省之西的 Boloven 山，亦即馬流。〔註17〕象林縣在今越南峴港市，南有西屠國。應是再南十多

〔註16〕〔宋〕樂史撰、王文楚等點校：《太平寰宇記》，北京：中華書局，2007 年，第 196、2030 頁。參考周運中：《中國南洋古代交通史》，第 37～39 頁。

〔註17〕岑仲勉：《南海崑崙與崑崙山之最初譯名及其附近諸國》，《中外史地考證》，北京：中華書局，2004 年，第 115～150 頁。

國才到波遼國，所以說波遼乘船三千里到屈都乾。則波遼在今越南的南部，而非廣義省。

作者考察雲縣白鶯山古茶樹（攝於 2019 年 7 月 22 日）

波遼疑即金甌半島的薄僚、帕勞的異譯，皆爲馬來語 palau（島）音譯，

占城人屬馬來族。扶南到典遜三千里，波遼到屈都乾也是三千里，可知波遼
在越南的南部。波遼之南是大海，所以譯爲波遼，音兼意譯。

波遼向南，通往屈都乾國（今馬來西亞龍運 Dungun），〔註 18〕可見是重
要海港。波遼或許就在胡志明市附近，1993 年在其郊區發現兩處重要遺址，
有豐富文物出土。〔註19〕波遼西南，就是扶南，今越南的俄厄（Oc Eo）扶南
海港遺址發現了大量來自羅馬、波斯、印度的文物，也應有羅馬幻人。

《別國洞冥記》卷三：

> 有五味草，初生味甘，花時味酸，食之使人不眠，名曰卻睡草。
> 末多國獻此草。此國人長四寸，織麟毛爲布，以文石爲床，人形雖
> 小，而屋宇崇曠，織鳳毛錦，以錦爲帷幕也。

讓人失眠的草，無疑是茶。一般來說，春茶最好，所以說初生味甘。開
花再採，味道變酸。茶來自末多國，獸皮爲衣，睡在石床，人形很小，說明
是偏遠的原始民族，這不是杜撰。

現代研究證明茶最早出自雲南，現在雲南的西南部有很多千年野生茶
樹，臨滄市鳳慶縣發現三千年的古茶樹，〔註20〕雲縣白鶯山 2800 歲古茶樹的
分析證明這一帶是茶樹起源地，〔註21〕鎮沅縣千家寨有千年古茶樹。

德昂族、布朗族、佤族有很多古老而且獨特的祭茶、種茶、飲茶風俗，
分布地在雲南的西南部。〔註 22〕德昂族、布朗族、佤族都是南亞語系民族，
庫瑪（Kumar）等人的分子人類學研究表明，南亞語系民族的祖先住在今印度
東北部，從這裡東遷到東南亞，今印度東北部的孟達族（Munda）是最古老的
南亞語系民族。〔註 23〕東埔寨語與越南語都屬於孟—高棉語族，今緬甸南部

〔註18〕周運中：《中國南洋古代交通史》，第 115 頁。

〔註19〕〔日〕山形眞理子：《ベトナムの先史文化と海域交流》，《海の道と考古學》，
　　　　高志書院 2010 年版，第 43～44 頁。

〔註20〕陳開心《茶樹起源在臨滄》，《茶業通報》2007 年第 1 期。

〔註21〕張穎君、楊崇仁、曾恕芬、陳可可、江鴻建、左成林：《白鶯山古茶的化學成
　　　　分分析與栽培茶樹的起源》，《雲南植物研究》2010 年第 1 期。

〔註22〕趙世林：《西南茶文化起源的民族學考察》，《西南民族學院學報》哲學社會科
　　　　學版，2000 年第 11 期。

〔註23〕Kumar V, Langsiteh BT, Biswas S, Babu JP, Rao TN, Thangaraj K, Reddy AG,
　　　　Singh L, Reddy BM（2006）Asian and Non-Aisan Origins of Mon-Khmer and
　　　　Mundari Speaking Austro-Asiatic Populations of India. Am J Hum Biol 18: 461～
　　　　469. 中譯本見蘭海譯：《Y 染色體證據顯示南亞語系人群有共同的父系起
　　　　源》，《現代人類學通訊》第 1 期，2007 年。

的孟族（Mon）曾是今緬甸中部與泰國中部的主體民族。Mon 的讀音接近
Munda，末多的上古音 mat-tai 接近 Munda，中國西南的南亞語系民族在數千
年前的族名接近他們從印度遷出時的古名。所以末多人無疑是南亞語系民
族，正是最早喝茶的民族。

直到唐代，茶仍然主要產自雲南的西南部，樊綽《雲南志》卷七《雲南
管內物產》：「茶出銀生城界諸山。」銀生城在今景東，銀生城界包括瀾滄江
流域等地，是茶的原產地。

2015 年，中國科學院地質與地球物理研究所利用植物微體化石和生物標
誌物方法，鑒定漢陽陵第 15 號外藏坑、第 16 號外藏坑中出土的植物為茶葉，
這是全世界最早的茶葉食物，證明漢景帝劉啓就已飲茶。這個重要的考古發
現，現在得到了郭憲此書的印證。

《別國洞冥記》卷三：

> 石脈出晡東國，細如絲，可縋萬斤。生石裏，破石而後得。此
> 脈縈緒如麻紵也，名曰石麻，亦可為布也。

石脈、石麻顯然是石棉，中國古代又稱為火浣布、火鼠布，周密說：「東
方朔《神異經》所載，南荒之外有火山，晝夜火然。其中有鼠重有百斤，毛
長二尺餘，細如絲，可作布。鼠常居火中，時出外，以水逐而沃之方死。取
其毛緝織為布，或垢，浣以火，燒之則淨。又《十洲記》云：炎州有火林山，
山上有火鼠，毛可織為火浣布，有垢，燒即除。其說不一。魏文帝嘗著論，
謂世言異物，皆未必真有。至明帝時，有以火浣布至者，於是遂刊此論。是
知天壤間何所不有？耳目未接，固未可斷以為必無也。昔溫陵有海商漏舶，
搜其囊中，得火鼠布一匹，遂拘置郡帑。凡太守好事者，必割少許歸以為玩。
外大父嘗守郡，亦得尺許。余嘗親見之，色微黃白，頗類木棉，絲縷蒙茸，
若蝶紛蜂黃然。每浣以油膩，投之熾火中，移刻，布與火同色。然後取出，
則潔白如雪，了無所損，後為人強取以去。或云石炭有絲，可織為布，亦不
畏火，未知果否。」〔註24〕

蕭子顯《日出東南隅行》：「單衣鼠毛織。」即火鼠毛，《太平御覽》卷七
八六引《外國傳》：「扶南之東，漲海中有大火洲，洲上有樹，得春雨時皮正
黑，得火燃樹皮，正白。紡績以作手巾，或作燈注，用不知盡。」卷八百二

〔註24〕〔宋〕周密、張茂鵬點校：《齊東野語》，北京：中華書局，1983 年，第 223
～224 頁。

十引《異物志》曰：「斯調國有大洲，在南海中。其上有野火，春夏自生，秋冬自死。有木生於其中而不消也，枝皮更滑。秋冬火死，則皆枯瘁。其俗常以多採其毛以爲布，色小青黑。若塵垢污之，便投著火中，則更鮮明也。」《梁書》卷五十四《海南諸國傳》說自然大洲：「其上有樹生火中，洲左近人剝取其皮，紡績作布，極得數尺以爲手巾，與焦麻無異而色微青黑。若小垢洿，則投火中，復更精潔。或作燈炷，用之不知盡。」〔註25〕自然是自燃，然是燃的古字，此處指火山，火中的布即火浣布。勞費爾認爲石棉來自波斯而非南海，〔註26〕其實印度尼西亞也有石棉。

晡東國可能是勿里洞（Belitung），也有可能是蘇門答臘島的巴東（Padang），類似的地名可能還有，總之都在南洋群島之中。

《別國洞冥記》卷四：

> 元封三年，婁過國獻能言龜一頭，長一尺二寸，盛以青玉匣，
> 廣一尺九寸，匣上豁一孔以通氣。

婁過顯然就是老撾，讀音極近，這是中國史書最早的老撾記載。熱帶的龜種類很多，最早的龜崇拜源自南方。《史記》由褚先生所補《龜策列傳》：「神龜出於江水中，廬江郡常歲時生龜長尺二寸者二十枚，輸太卜官⋯⋯南方老人用龜支床足，行二十餘歲，老人死，移床，龜尚生不死，龜能行氣導引。」〔註27〕

這種龜長一尺二寸，即40釐米，應是亞洲最大的淡水龜亞洲巨龜，學名Heosemys grandis，長近50釐米，分布在東南亞多地，包括老撾。因爲最大，所以作爲奇珍運到中國。

（五）結論

綜上所述，漢代郭憲的《漢武帝別國洞冥記》極爲珍貴，實爲中西交流史上的一部重要典籍。首次記載了西域的啤酒、阿勃參樹、齊墩樹、哈密瓜、藍紋奶酪等，還首次記載了東北海外的火山、蜂鳥、巨螯蟹等，還首次記載了源自西南邊疆的茶、來自越南的犀角、珍珠、來自印度尼西亞的石棉、來自老撾的龜等。涉及中國與東北亞、東南亞、中亞、西亞的交流，範圍很廣。

西域的珍品多來自中亞的粟特人，此書的西那汗即撒馬爾罕，素葉即碎

〔註25〕〔唐〕姚思廉：《梁書》，第788頁。

〔註26〕〔美〕勞費爾著、林筠因譯：《中國伊朗編》，第328～329頁。

〔註27〕〔漢〕司馬遷：《史記》，第3227～3228頁。

葉，胥池寒即粟特。粟特人善於經商，前人曾經研究東漢後期中亞人來華史，涉及粟特人。〔註28〕郭憲的書記載中國人從粟特人處得知源自西亞的各種珍品，說明粟特在中西交流史上的重要地位確實可以追溯到兩漢之際。

郭憲久居在東海之濱，他可能在此得知東北海外的珍貴資料，這也是書中最爲獨特的資料。中國與日本海沿岸的交流可能主要通過海路，這也是燕齊方士在朝鮮半島一帶探索的成果。

雲南西南的南亞語系民族最早飲茶，這是最近的發現，但是郭憲此書竟明確說到茶來自末多國，也即南亞語系民族，眞是奇妙。西漢早已在今雲南的南部設縣，所以能夠瞭解到雲南的南部情況。漢陽陵出土的漢代茶葉證明漢代的宮廷中確實有來自邊疆與域外的各種珍寶，文獻記載不虛。

二、漢晉《西京雜記》

今本《西京雜記》，有葛洪跋文，說作者是劉歆，《隋書·經籍志》不題作者。唐代劉知幾、北宋晁伯宇、南宋陳振孫、清代四庫館臣、李慈銘等都質疑作者是劉歆，現代也有學者補充論證不是劉歆所寫，而是葛洪抄錄各種書籍編成。《抱朴子外篇》卷五十《自敍》說：「撰俗所不列者爲《神仙傳》十卷，又撰高上不仕者爲《隱逸傳》十卷，又抄五經、七史，百家之言，兵事、方伎、短雜、奇要三百一十卷，別有目錄。」〔註29〕有人認爲是劉歆草創，葛洪整理，書中內容往往有漢代文獻和考古印證。〔註30〕已有學者羅列出書中的科技史料，並分析書中的機械技術、物理學、建築學等記載。〔註31〕此書保存了很多漢晉時期珍貴的中外交流史料，本文再作考釋。

卷一第7條：

> 武帝時西域獻吉光裘。入水不濡。上時服此裘以聽朝。

〔註28〕馬雍：《東漢後期中亞人來華史》，《西域史地文物叢考》，文物出版社，1990年，第18～28頁。

〔註29〕〔晉〕葛洪集、成林、程章燦譯注：《西京雜記全譯》，貴州人民出版社，1993年。李文娟：《〈西京雜記〉「葛洪説」補證》，《安徽文學》2008年第3期。孫振田：《〈西京雜記〉僞託劉歆作補論二則》，《圖書館雜誌》2012年第6期。

〔註30〕丁宏武：《〈西京雜記〉非葛洪僞託考辨》，《圖書館雜誌》2005年第11期。丁宏武：《從敍事視角看〈西京雜記〉原始文本的作者及寫作年代》，《圖書館雜誌》2010年第4期。

〔註31〕韓晉芳、羅見今：《〈西京雜記〉中的漢代科技史料》，《故宮博物院院刊》2003年第3期。

　　其實《山海經》最末《海內經》說：「奚仲生吉光，吉光是始以木爲車。」
〔註32〕造車技術從西域傳入中原，奚仲、吉光都是西域名號，所以《山海經》
和《西京雜記》完全吻合。此條涉及陸上，比較複雜，暫不展開。

　　卷一第 12 條：

> 樂遊苑自生玫瑰樹。樹下有苜蓿。苜蓿一名懷風。時人或謂之
> 光風。風在其間常蕭蕭然。日照其花有光采。故名苜蓿爲懷風。茂
> 陵人謂之連枝草。

　　苜蓿，又名懷風、光風，此名僅見於此。懷與光讀音接近，一定是源自
西域的某種語言。苜蓿源自大宛，《史記》卷一百二十三《大宛列傳》：

> 宛左右以蒲陶爲酒，富人藏酒至萬餘石，久者數十歲不敗。俗
> 嗜酒，馬嗜苜蓿。漢使取其實來，於是天子始種苜蓿、蒲陶肥饒地。
> 及天馬多，外國使來眾，則離宮別觀旁盡種蒲萄、苜蓿極望。〔註33〕

　　大宛是亞歷山大東征留下的希臘國家，所以使用印歐語。而印歐語的苜
蓿，讀音正是接近懷風。現在英語的苜蓿 clover，源自古英語 clāfre，荷蘭語
是 klaver，俄語是 kléver，古普魯士語是 wābils。懷風的上古音是 hoəi-biuəm，
讀音接近印歐語的苜蓿。

　　博物學大家勞費爾（Berthold Laufer）引用《西京雜記》此條，但未探討
懷風的語源。他引用湯馬薛克的觀點，認爲苜蓿的上古音 muk-suk 對應裏海
附近吉拉奇語（Gīlakī）的 būso。〔註34〕其實康沃爾語（Cornish）的苜蓿是
mellyon，威爾士語（Welsh）是 meillion。我認爲，凱爾特語的苜蓿很接近苜
蓿的漢語上古音，也即接近苜蓿的中亞語源，或許在印歐語的苜蓿擴展之前，
苜蓿早已在歐亞大陸流傳。

　　卷一第 28 條，記載上林苑的名果異樹，其中有東王梨，出海中，無疑出
自東海。又有出崑崙山的西王母棗，還有金明樹、搖風樹、鳴風樹，很可能
對應東漢郭憲《漢武帝洞冥別國記》中來自西域的開日樹、聲風木。

　　卷二第 37 條是漢武帝得到身毒國（印度）的連環羈，用南海白蜃爲珂，
南海白蜃是來自南海的白色貝類。

　　卷二第 61 條流黃簟：「會稽歲時獻竹簟供御，世號爲流黃簟。」流黃即

〔註32〕　袁珂校注：《山海經校注》，第 529 頁。
〔註33〕　〔漢〕司馬遷：《史記》，第 3173～3174 頁。
〔註34〕　〔美〕勞費爾著、林筠因譯：《中國伊朗編》，第 35 頁。

硫磺，這種竹簟在製作時很可能使用硫磺，很可能來自臺灣或日本等地，或者就是來自東方海外的竹簟。

卷三第 73 條說茂陵富人袁廣漢，資產百萬，家僮八九百，園林中有白鸚鵡、紫鴛鴦、犛牛、青兕。

白鸚鵡很可能是來自南洋的鳳頭鸚鵡（Cacatuidae），犛牛也是內地很罕見的野獸。鳳頭鸚鵡主要分布在澳洲和印尼東部，最北部的是菲律賓南部的菲律賓鳳頭鸚鵡，漢代來到中國的鳳頭鸚鵡很可能是菲律賓鳳頭鸚鵡。關於唐代南洋進貢的鳳頭鸚鵡，美國學者謝弗（Edward Hetzel Schafer）有考證。〔註35〕

其實宋代人說到海外白鸚鵡，蔡絛《鐵圍山叢談》說：「然二廣間鸚鵡，視隴右實差小，若具五色又自出外國。」〔註36〕具五色，別本並作白玉色。應是白玉色，有人不理解白鸚鵡，以為鸚鵡就是五色，不知五色是常見鸚鵡，海外來到兩廣的是白鸚鵡。

卷三第 76 條：「尉陀獻高祖鮫魚、荔枝，高祖報以蒲桃錦四匹。」鮫魚，應是鮫魚皮革，鮫魚即鯊魚。《史記·秦始皇本紀》說方士徐市（徐福）等說大鮫魚阻礙航行，因此不能送來蓬萊藥，秦始皇在山東海上射大魚。唐代東南貢鮫魚皮的有台州、漳州、潮州、循州、交州，貢鮫革的有台州、溫州、漳州、循州、潮州、封州、交州。〔註37〕

鳳頭鸚鵡、玳瑁

〔註35〕〔美〕謝弗著、吳玉貴譯：《唐代的外來文明》，中國社會科學出版社，1995年，第 223～227 頁。

〔註36〕〔宋〕蔡絛撰、馮惠民、沈錫麟點校：《鐵圍山叢談》，北京：中華書局，1983年，第 111 頁。

〔註37〕周運中：《台州大陳島：從唐代閩商基地到現代臺灣北門》，《海洋文明研究》第 1 輯，中西書局，2016 年，第 147 頁。

卷三第 77 條說戚夫人的侍從說，宮中：「至七月七日臨百子池，作于闐
樂。樂畢。以五色縷相羈。謂爲相連愛。」爲何要在百子池作于闐樂呢？

玄奘《大唐西域記》瞿薩旦那國（于闐）：

> 從此而東，逾嶺越谷，行八百餘里，至瞿薩旦那國（唐言地乳，
> 即其俗之雅言也。俗語謂之漢那國，匈奴謂之於遁，諸胡謂之豁旦，
> 印度謂之屈丹。舊曰于闐，訛也）……其王遷都作邑，建國安人，
> 功績已成，齒耋云暮，未有胤嗣，恐絕宗緒。乃往毗沙門天神所，
> 祈禱請嗣。神像額上，剖出嬰孩，捧以回駕，國人稱慶。既不飲乳，
> 恐其不壽，尋詣神祠，重請育養。神前之地忽然隆起，其狀如乳，
> 神童飲咂，遂至成立。智勇光前，風教遐被，遂營神祠，宗先祖也。
> 自茲已降，奕世相承，傳國君臨，不失其緒。故今神廟多諸珍寶，
> 拜祠享祭，無替於時。地乳所育，因爲國號。〔註38〕

于闐國號瞿薩旦那的原義是地乳，傳說國人原來無嗣，毗沙門天神送子，
又從地中出乳哺育。所以我們才明白《西京雜記》百子池作于闐樂，原來是
祈求多子多福。

卷四第 94 條：

> 閩越王獻高帝石蜜五斛、蜜燭二百枚、白鷴、黑鷴各一雙、高
> 帝大悅，厚報遣其使。

蜜燭應是黃蠟，南宋趙汝括《諸蕃志》卷下黃蠟：「黃蠟出三嶼、麻逸、
眞臘、三佛齊等國。蜂生於深山窮谷中，或窠老樹，或窠芭蕉樹，或窠岩穴，
較諸中國之蜂差大而黑。番民以皮韝軀，先用惡草作煙，迫逐群蜂飛散，隨
取其窠，擠去蜜，其滓即蠟也。鎔範成，或雜灰粉鹽石。以三佛齊者爲上，
眞臘次之，三嶼、麻逸、蒲哩嚕爲下。」〔註39〕《西京雜記》的黃蠟，或許
來自東南的三嶼（呂宋島）、麻逸（民都洛島）等地，或許是中國東南所產。

黑鷴（Lophura leucomelanos）分布在中國西南到青藏高原、南亞等地，
白鷴（Lophura nycthemera）分布在中國西南和中南半島，距離閩越太遠。閩
越王所獻的黑鷴很可能就是中國臺灣島特有鳥類的藍鷴（Lophura swinhoii），

〔註38〕〔唐〕玄奘、辯機原著、季羨林等校注：《大唐西域記校注》，北京：中華書
局，2000 年，第 1000、1008 頁。

〔註39〕〔宋〕趙汝适著、楊博文校釋：《諸蕃志校釋》，北京：中華書局，2000 年，
第 215 頁。

又名藍腹鷴、臺灣藍腹鷴、華雞，也是鷴屬的鳥類。藍鷴，總體是藍黑色，所以也可以稱爲黑鷴。那時中國人還不瞭解中國西南和南亞的黑鷴，所以稱來自東南的藍鷴爲黑鷴。

卷五第 129 玭瑁床說：「韓嫣以玭瑁爲床。」玭瑁出自南海，此處的玭瑁床不是全部用玭瑁做的床，而是有很多玭瑁殼裝飾的床。

三、東漢《神異經》

前人指出《神異經》僞託東方朔所作，但時代不會很晚，因爲唐代孔穎達《左傳》疏引服虔按《神異經》云之語，說明東漢已經成書。〔註 40〕王國良認爲《神異經》最遲成書於西晉末年，東漢許愼《說文解字》、郭憲《漢武洞冥記》也引《神異經》。〔註 41〕我認爲，此書有濃厚的儒家思想，但混合了道士收集的資料，應在東漢魏晉時期成書。

其書《東荒經》說：

> 東海之外荒海中，有山焦炎而峙，高深莫測，蓋稟至陽之爲質也。海中激浪投其上，嗒然而盡。計其晝夜，嗒攝無極，若熬鼎受其灑汁耳。大荒之東極，至鬼府山臂，沃椒山腳，巨洋海中，升載海日。蓋扶桑山有玉雞，玉雞鳴則金雞鳴，金雞鳴則石雞鳴，石雞鳴則天下之雞悉鳴，潮水應之矣。

焦字下面的四點，本來就是火，焦指被火燒焦。但是古人爲了強調沃椒山的兇惡大火，寫成惡燋。《太平御覽》卷六十引《玄中記》云：「天下之強者，東海之惡燋焉。水灌而不已。惡燋，山名，在東海南方三萬里。海水灌之即消，即沃椒也。」

高大的沃焦山，傳說即使海水澆灌，也不能熄滅，顯然是火山，而朝鮮半島無火山，唯有日本有火山，所以說在扶桑，也即日本。因爲中國東部無火山，所以火山的奇觀是海上人群廣泛流傳的故事，中國人特地記載。《古事記》說日本始祖伊邪那美生了很多神，但是最終被火神燒死，伊邪那岐殺死火神，這反映了古代日本人認爲火山最兇猛。我已指出，《拾遺記》記載的岱輿山（九州島），也描述了其東的櫻島火山。

〔註 40〕王根林校點：《神異經》，王根林、黃益元、曹光甫校點：《漢魏六朝筆記小說大觀》，上海古籍出版社，1999 年，第 47 頁。

〔註 41〕王國良：《神異經研究》，文史哲出版社，1985 年，第 7～12 頁。

因爲沃焦有炎火熱水，又在東方扶桑，十日所出，所以傳說是太陽墜入，化爲沃焦，《莊子・秋水》成玄英疏引《山海經》：「羿射九日，化爲沃焦。」今本雖無此句，但應有所本，所以《神異經》說至陽之質！沃即澆灌，因爲火山岩漿，海水沃之，仍然燒焦，所以稱爲沃焦。

《史記・五帝本紀》，《正義》引《神異經》說：

> 東方有人焉，人形而身多毛，自解水土，知通塞，爲人自用，
> 欲爲欲息，皆云是鯀也。

東方多毛的民族顯然就是日本列島的阿依努人，漢代的本州島東部還是阿依努人居地。

《東荒經》又說：

> 東方荒中，有木名曰栗。其殼徑三尺三寸，殼刺長丈餘，實徑
> 三尺。殼亦黃，其味甜，食之多令人短氣而渴。

我認爲，這種植物，其實就是榴蓮，榴蓮是馬來語 durian 的音譯。據英國人說源自 dure，意思是尖刺。〔註42〕榴蓮外有尖刺，體型碩大，外殼黃色，果肉甜味。吃多了使人上火，口渴。

這是中國現存典籍最早的榴蓮記載，以前有人認爲是明代才有記載，馬歡《瀛涯勝覽》蘇門答剌國：

> 有一等臭果，番名賭爾焉，如中國水雞頭樣，長八九寸皮，生
> 尖刺，熟則五六瓣裂開，若爛牛肉之臭。內有栗子大酥白肉十四五
> 塊，甚甜美可食，其中更皆有子，炒而食之，其味如栗。

賭爾焉即 durian 的音譯，馬歡說到榴蓮子像栗子，《神異經》說榴蓮叫栗，可能是 durian 的音譯省略，也可能源自榴蓮子的味道。栗子外殼也有刺，類似榴蓮。

《東荒經》又說：

> 東方裔外有建山，其上多橘柚。

此處的建山，排在東南海外，或許不是福建內陸的建州地名由來，而是海外另一個地名。值得注意的是，《拾遺記》卷三提到磅磄山（澎湖島）的柚子，詳見下文。

《東南荒經》說：

〔註42〕〔英〕克萊爾・考克-斯塔基著、吳煒聲譯：《那些異國玩意兒：大航海時代探索世界的第一手記事》，遠足文化事業股份有限公司，2016 年，第 175 頁。

　　　　東南荒中有邪木，高三千丈，或十餘圍，或七八尺。其枝喬直

　　上，不可丹邶也。葉如甘瓜，二百歲，葉落而生花，花形如甘瓜。

　　花復二百歲，落盡而生萼。萼下生子。三歲而成熟。成熟之後，不

　　長不減。子形如寒瓜，長七八寸。徑四五寸。萼復覆生頂。此不取，

　　萬世如故。若取子而留萼，萼復生子如初。年月復成熟，後二年，

　　則成萼，而復生子。其子形如甘瓤，少瓣甘美，食之令人身澤。不

　　可過三升，令人冥醉，半日乃醒。木高，人取不能得，唯木下有多

　　羅之人緣能得之。一名無葉，世人後生不見葉，故謂之無葉也。一

　　名倚驕。

　　邪木即椰樹，椰汁能釀酒，《交州記》：「椰子有漿，截花，以竹筒承取汁，
作酒飲之，亦醉也。」〔註43〕又：「椰子生南海，狀如海梭，子大如碗，外有
粗皮，如大腹子、豆蔻之類。中有漿似酒，飽之得醉。」〔註44〕孫吳萬震《南
州異物志》說到椰樹，今見輯佚之文不提醉人，〔註45〕可見《神異經》的價
值。

　　此處所說椰子的別名無葉，即侗臺語的椰子，泰語是 má-práao，馬拉加
斯語（Malagasy）是 voaniho，顯然也是同源字，因爲馬拉加斯人遠古時期從
東南亞移居馬達加斯加島。無葉的上古音是 miua-jiap，讀音很近。

　　另一個別名倚驕，就是南島語的椰子，馬來語是 kelapa，驕字有誤，或是
香字之誤，香是閩南語是 pang，讀音接近。

　　又說唯有多羅人能爬上椰子樹，多羅就是都盧，《漢書・地理志》說：

　　　　自日南障塞、徐聞、合浦船行可五月，有都元國，又船行可四

　　月，有邑盧沒國。又船行可二十餘日，有諶離國；步行可十餘日，

　　有夫甘、都盧國。自夫甘、都盧國船行可二月餘，有黃支國……自

　　武帝以來皆獻見。有譯長，屬黃門，與應募者俱入海市明珠、璧流

　　離、奇石異物，齎黃金，雜繒而往……平帝元始中，王莽輔政，欲

　　耀威德，厚遺黃支王，令遣使獻生犀牛。自黃支船行可八月，到皮

　　宗。船行可二月，到日南、象林界云。黃支之南，有已程不國，漢

〔註43〕〔宋〕李昉等編：《太平御覽》卷九七二，北京：中華書局，1960年，第4310
　　　　頁。

〔註44〕〔宋〕司馬光撰、〔元〕胡三省注：《資治通鑑》晉咸康二年注，北京：中華
　　　　書局，1956年，第3009頁。

〔註45〕〔宋〕李昉等編：《太平御覽》卷九七二，第4310頁。

之譯使自此還矣。

顏師古注：

> 都盧國人勁捷，善緣高，故張衡《西京賦》云：「烏獲扛鼎，
> 都盧尋橦。」又曰：「非都盧之輕趫，孰能超而究升？」

漢代宮廷也有都盧雜技，《漢書・西域傳下》說漢武帝：

> 設酒池肉林以饗四夷之客，作巴俞、都盧、海中碭極、漫衍魚
> 龍、角抵之戲以觀視之。

顏師古注引晉灼曰：「都盧，國名也。」李奇曰：「都盧，體輕善緣者也。」
或許是都盧國人到了漢地，或許是漢人學習都盧國人的雜技。

夫甘、都盧是兩個國家，都盧國在今泰國南部，我已有考證，〔註46〕所
以《神異經》說多羅國人爬椰子樹，確有根據。

又說：

> 東南海中有烜洲，洲有溫湖，鮒魚生焉。其長八尺，食之宜暑
> 而闢風寒。東南有石井，其方百丈。上有二石闕，夾東南面，上有
> 蹲熊，有榜著闕曰：地戶。

這一段描寫的無疑是東南海中的情況，又在出產椰子的海南島之外。因
為在南海，所以非常溫暖，生有很長的海魚。

烜是生僻字，不太可能用以說明溫暖。而且南方溫暖本來是常識，不需
要再說。所以我以為烜很可能是垣字之誤，指南海的珊瑚環礁，類似城垣，
故名垣洲。珊瑚礁的魚類很多，所以說到大魚。

所謂有長達百丈的石井，顯然不是普通的水井，而且是在海中，無疑也
是指南海的珊瑚環礁。形狀正是類似石井，也即石塘之名的由來。位置和大
小也很符合，所以無疑是指南海的珊瑚環礁。

《南荒經》說：

> 南方大荒之中有樹焉，名曰柤稼〔木匚〕。柤者，柤梨也。稼
> 者，株稼也。〔木匚〕，親昵也。三千歲作華，九千歲作實。其華蕊
> 紫色，其實赤色。其高百丈，或千丈也。敷張自輔，東西南北方枝，
> 各近五十丈，葉長七尺，廣五尺，色如綠青，木皮如桂樹，理如甘
> 草，味飴。實長九尺，圍如其長而無瓤核。以竹刀剖之，如凝蜜。
> 得食復見，實即凝矣。言復見後實熟者，壽一萬二千歲。

〔註46〕周運中：《中國南洋古代交通史》，第75～104頁。

　　我認為，這種植物，果實很大，內無瓤核，如同凝蜜。其實就是麵包樹（Bread Fruit，學名 Artocarpus incisa）的果實，原產於南太平洋海島，樹葉深綠，果實類似麵包，果肉白色，栽培果實無核。

　　1595 年，葡萄牙人佩德羅・費爾南德斯・德・基羅斯（Pedro Fernandez de Quiros）作為領航員，參加了西班牙人阿爾瓦羅・德・門達尼亞（Alvaro de Mendaña）的探險，他們從秘魯向西，首次航行到了馬克薩斯（Marquesas）群島，歐洲人最早看到麵包樹。〔註47〕

　　麵包樹的馬來語是 popok sukun 或 pohon sukun，泰語是 sake，顯然源自 sukun，而枬稼〔木匭〕的上古音是 tsa-kea-niet，顯然源自 sukun 或 sake。

　　麵包果是太平洋很多海島的主食，薩摩亞（Samoa）人諺語說，一個薩摩亞成年人花一小時種 10 顆樹，就算完成一生責任，指的就是麵包樹。因為麵包樹的果實很多，10 顆樹的果實夠一個人一年食用，而且能連續結果 50 年。麵包樹還可以做建材，薩摩亞人用麵包樹做船，用樹皮做繩子。麵包樹也傳到臺灣，阿美族和蘭嶼的達悟族都食用麵包果。

　　麵包樹屬於菠蘿蜜屬，類似菠蘿蜜，所以本書下一條是如何果，其實就是菠蘿蜜，說明古人其實本來有歸類。

　　《南荒經》又說：

> 南方大荒有樹焉，名曰如何。三百歲作華，九百歲作實。華色朱，其實正黃。高五十丈，敷張如蓋，葉長一丈，廣二尺。餘似菅苧，色青，厚五分，可以絮，如厚樸。材理如支，九子，味如飴。實有核，形如棗子。長五尺，圍如長。金刀剖之則酸，蘆刀剖之則辛。食之者地仙。不畏水火，不畏白刃。

　　我認為，這種植物，其實就是菠蘿蜜（jackfruit）。菠蘿蜜很大，果肉有核。菠蘿蜜的馬來語是 nangka，如何的上古音是 na-hai，讀音接近，如何就是菠蘿蜜馬來語的音譯。

　　現在中國人所說的菠蘿蜜之名，源自印度南部的達羅毗荼語系，泰米爾語是 palāppaḷam，馬拉亞蘭語是 plāv，音譯為菠蘿蜜。古代到南洋的印度移民主要是南印度達羅毗荼語系的民族，所以達羅毗荼語對南洋影響很大。

〔註47〕〔英〕克萊爾・考克-斯塔基著、吳煒聲譯：《那些異國玩意兒：大航海時代探索世界的第一手記事》，第 172～173 頁。〔美〕保羅・布魯爾著、張曉博譯：《探險的黃金時代》，山東畫報出版社，2002 年，第 59 頁。

菠蘿蜜即婆那娑，《隋書》卷八十二說眞臘：「異者有婆那娑樹，無花，葉似柿，實似冬瓜。」婆那娑或是婆那婆之誤，婆那婆或是 palāppaḷam、plāv 的音譯。唐代樊綽《蠻書》卷七：「麗水城又出波羅蜜果，大者若漢城甜瓜，引蔓如蘿蔔，十一月十二月熟。皮如蓮房，子處割之，色微紅，似甜瓜，香可食。或雲此即思難也，南蠻以此果爲珍好。祿昇江左右亦有波羅蜜果，樹高數十丈，大數圍，生子，味極酸。蒙舍、永昌亦有此果，大如甜瓜，小者似橙柚，割食不酸，即五香味。土俗或呼爲長傍果，或呼爲思漏果，亦呼思難果。」麗水城在今緬甸密支那南部的德勞基（Talawgyi），長傍城在緬甸恩梅開江上游。因爲經過長傍城引進，故名長傍果。

但是《梁書》卷五十四說扶南在天監十八年（519 年）獻波羅樹葉，有人認爲是菠蘿蜜，其實波羅樹應是佛教崇拜的菩提樹，《新唐書》卷二二二一上說摩揭陀國在貞觀二十一年（647 年）：「獻波羅樹，樹類白楊。」謝弗說，波羅是菩提樹的梵文 pippala，英語是 peepul。〔註 48〕

唐代段成式《酉陽雜俎》卷十八：

> 婆那娑樹，出波斯國，亦出拂林，呼爲阿薩驆。樹長五六丈，皮色青綠，葉極光淨，冬夏不凋。無花結實，其實從樹莖出，大如冬瓜，有殼裹之，殼上有刺，瓤至甘甜，可食。核大如棗，一實有數百枚。核中仁如栗黃，炒食甚美。

婆那娑就是菠蘿蜜，印度古吉拉特語、馬拉提語是 phanas。波斯和拂林不產菠蘿蜜，是波斯和拂林商人帶來中國，所以產生這種誤解。現代英語是 jackfruit，法語是 jaquier，諾曼語是 jersey，讀音接近阿薩。俄語是 džekfrút，džek 讀音接近驆。

馬歡《瀛涯勝覽》占城國：

> 其波羅蜜如冬瓜之樣，外皮似川荔枝，皮內有雞子大塊黃肉，味如蜜。中有子如雞腰子樣，炒吃味如栗子。

明代人炒菠蘿蜜、榴蓮的果核吃，漢代人不提，這是因爲明代人口太多，所以需要用果核充饑。

《南荒經》又說：

> 南方荒中有梀竹，長數百丈，圍三丈六尺，厚八九寸，可以爲船。其筍甚美，食之可以止瘡癘。

〔註 48〕　〔美〕謝弗著、吳玉貴譯：《唐代的外來文明》，第 315 頁。

　　雲南西雙版納有世界上最大的竹子巨龍竹，高達 45 米，西雙版納是傣族居地，所以我認為，涕竹很可能就是傣竹，即來自傣地的竹子。涕的上古音是透母脂部 thyei，接近 tai。南方各地語言，找不到竹子的通名接近涕的上古音。傣語稱巨龍竹為埋博，也不接近涕。

　　下文又說到甘蔗林、火鼠布、無損獸，火山、銀山，我已經指出無損獸是蘇拉威西島的鹿豚，所以火山很可能也在印尼，那裡正是有很多火山。印尼的銀礦主要分布在巴布亞和西爪哇，巴布亞與世隔絕，所以此處的銀山在西爪哇。

　　《北荒經》說：

> 北方有獸焉，其狀如獅子。食人。吹人則病。名曰猰。恒近人
> 村裏，入人居室，百姓患苦。天帝徙之北方荒中。

　　中國北部不產獅子，獅子原來在西亞有分布，現在西亞獅子已經滅絕。此處誤以為獅子在北方，說明時代較晚。

　　《北荒經》又說：

> 西南大荒有馬，其大二丈，鬐至膝，尾委地，蹄如丹踠可握。
> 日行千里，至日中而汗血。乘者當以絮纏頭，以闢風病，彼國人不
> 纏。

　　汗血馬在中國西北，西漢時已經引進中國，為中國人熟知，此處不僅不應該誤在西南，甚至不應寫出，說明作者不熟悉西北。

　　《一切經音義》卷十二引《神異經》說：

> 西荒中有獸焉，其狀如鹿，人面，有牙，猴首，熊足，縱目，
> 橫鼻，反踵，饒力，很惡，名曰惡物。

　　這種動物應該是賽加羚羊（Saiga），原來分布於中國新疆北部到蒙古、俄羅斯，所以說在西荒中。因為很少到中原，所以被誤認為鹿。賽加羚羊最大的特點是鼻子很高，又名高鼻羚羊。因為鼻孔高度膨脹，所以說橫鼻。哈薩克語稱為 aqböken，我認為就是惡物的語源，因為上古音的惡是影母鐸部 ak，物是明母物部 muət，讀音非常接近。

　　《太平御覽》卷九百四十引漢代《神異經》說：

> 北方荒外有石湖，其中有橫公魚，長七八尺，形狀如鱧而目赤。
> 晝則在湖中，夜化為人。刺之不入，煮之不世，以烏梅二七煮之乃
> 熟。食之可以止邪病。

卷六六引《神異經》：

> 北方荒外有湖，方千里，平滿無高下，有魚長七八尺，形狀如
> 鯉而目赤，晝在湖中，夜化爲人，刺之不入，煮之不死，以烏梅二
> 七煮之即熟，食之可以愈邪病。又曰：北方荒中有石湖，方千里，
> 無凸凹，平滿無高下，岸深五丈餘，恒冰，唯夏至左右五六十日解
> 耳。

橫是形聲字，讀音就是黃，所以橫公魚就是鰉魚。身長七八尺，完全符合。所謂難以刺穿，是指身上有骨板。

北方大荒之外的石湖，方圓千里，無疑是貝加爾湖，是世界面積第七大湖，是世界上儲水最多的淡水湖，也是最深的淡水湖。水體總容積 23.6 萬億立方米，最深處達 1637 米，蘊含地球全部湖泊、河流淡水量的五分之一，相當於北美洲五大湖水量的總和，超過波羅的海的水量。貝加爾湖很深，所以古人說岸邊水深就有五丈，又說湖面沒有消長。

貝加爾湖兩側還有 1000～2000 米的懸崖，四周圍繞著山脈，高達 2500 多米，所以古人稱爲石湖。

湖面 1 月至 5 月結冰，冰層厚度約 70～115 釐米，所以古人說接近夏至才解凍，訛傳爲唯獨夏至左右五六十日解凍。

貝加爾湖有鱘魚，就是西伯利亞鱘，所以《神異經》所說可信，再次證明《神異經》是一部珍貴而奇異的古書。

《新唐書》卷二百一十七下說：

> 黠戛斯，古堅昆國也。地當伊吾之西，焉耆北，白山之旁。或
> 曰居勿，曰結骨。其種雜丁零，乃匈奴西鄙也……魚有蓂者，長七
> 八尺。莫痕者，無骨，口出頤下。〔註49〕

黠戛斯，在今新疆最北部到西伯利亞、蒙古一帶，是吉爾吉斯族、柯爾克孜族的祖先。這種很長的魚，沒有骨頭，口在頭的下面，顯然就是鱘魚，而且是西伯利亞鱘。屬半洄游型種群，在海灣和河灣內度過生命的大部分時間，到繁殖季節，則上溯至江河上游產卵場，主要產卵場在鄂畢河和葉尼塞河的中、上游。典型的河居型種群，常見於勒拿河、亞納河和英迪吉爾卡河、科雷馬河，平時棲息在河流的中、上游河汊處，到了繁殖季節，則上溯產卵。湖河型種群，主要是在貝加爾湖、齋桑泊等，平時棲息在湖泊之中，到繁殖

〔註49〕　〔宋〕歐陽修：《新唐書》，第 6146～6147 頁。

季節，則洄游到河道中溯河產卵。點戛斯主要在葉尼塞河上游，西到鄂畢河上游。

莫痕，無疑是阿爾泰語系突厥語族的語言，今卡爾梅克人稱鱘魚爲 bekr，哈薩克人稱爲 bekire。

西伯利亞鱘的體長可達 3 米，重達 200 公斤，正是七八尺長。而且口在吻部下方，骨骼大多數是軟骨，所以古人訛傳爲無骨。《太平御覽》卷九百四十引西晉魏完《南中八郡志》：「江出黃魚，魚形頗似鱣，骨如蔥，可食。」長江中的黃魚就是鰉魚，所以說樣子很像鱣魚，所謂骨頭像蔥，是指骨頭又白又軟。

此書的西部記載缺乏令人振奮的發現，作者很可能不熟悉西域情況。雖然書中記載了北方的橫公魚（鰉魚）和猛獁象，但是這也可能是通過東北沿海瞭解。總的來說，作者應是東方沿海人。所以特別熟悉東南海外知識，而道士正是以東方沿海最多。

四、王嘉《拾遺記》

前秦王嘉的《拾遺記》是一部奇書，卷一到卷九按照時間順序排列，從春皇庖犧到晉時事，其實記到十六國後趙石虎，所記多是域外人來華進貢珍寶，卷十記載諸名山，詳細描述蓬萊、方丈、瀛洲、員嶠、岱輿，我已有考證，此書的價值不可小覷。

王嘉在《晉書》卷九十五《藝術傳》有傳，大略說王嘉，字子年，隴西安陽人。不食五穀，清虛服氣，隱於東陽谷，鑿崖穴居，弟子受業者數百人。石季龍之末，至長安，隱於終南山，又遷倒獸山。苻堅累徵不起，公侯已下咸躬往參詣。好尚之士，無不師宗之。準確預測苻堅淝水之戰失敗，姚萇入長安，逼以自隨，每事諮之，又斬之。釋道安曾勸王嘉逃跑，王嘉叫道安先走。苻登聞嘉死，設壇哭之，贈太師，謚曰文。傳說王嘉死時，人有在隴上見之。其所造《牽三歌讖》，事過皆驗，累世傳之。又著《拾遺錄》十卷，其記事多詭怪，今行於世。〔註50〕

今本《拾遺記》前有蕭綺序：

> 《拾遺記》者，晉隴西安陽人王嘉字子年所撰，凡十九卷，二
> 百二十篇，皆爲殘缺……文起羲、炎巳來，事訖西晉之末，五運因

〔註50〕〔唐〕房玄齡等：《晉書》，北京：中華書局，1974 年，第 2496～2497 頁。

循，十有四代。王子年乃搜撰異同，而殊怪必舉，紀事存樸，愛廣
尚奇。憲章稽古之文，綺綜編雜之部。《山海經》所不載，夏鼎未之
或存，乃集而記矣。辭趣過誕，意旨迂闊，推理陳跡，恨爲繁冗。
多涉禎祥之書，博採神仙之事，妙萬物而爲言，蓋絕世而弘博矣……
今搜檢殘遺，合爲一部，凡一十卷，序而錄焉。

可見王嘉之書本是十九卷，流傳到南朝，僅是殘本，蕭綺整理爲十卷。《隋
書・經籍志》史部雜史類，有僞秦姚萇方士王子年《拾遺記》二卷，又有蕭
綺撰《王子年拾遺記》十卷。前者可能是北方殘本，南方的蕭綺整理十卷本
保存更多。之所以歸入史部，因爲此書記載很多中外交流史。

王嘉《拾遺記》雖然始於庖犧（伏羲），其實可信的內容多數在漢魏時期，
應該是王嘉從各種道士之書中纂集。荷蘭人希勒格（Gustave Schlegel）對此書
很多內容有考證，其中最精彩的考證是泥離國，《拾遺記》卷五說漢惠帝：

時有東極，出扶桑之外，有泥離之國來朝。其人長四尺，兩角
如繭，牙出於唇，自乳以來，有靈毛自蔽，居於深穴，其壽不可測也。

泥離國人在扶桑之外，牙從唇出，身有長毛，住在地穴。希勒格解釋說，
馬端臨《文獻通考》卷三百四十七說流鬼國：

其長老人傳言：其國北一月行，有夜叉人，皆豕牙翹出，啖人。
莫有涉其界，未嘗通聘。

流鬼國在堪察加半島，俄羅斯最東北的楚科奇人，會用骨插入上唇，正
在堪察加半島之北。泥離人、夜叉人有牙翹出，即在這一帶。〔註51〕《新唐
書》卷二百二十《東夷傳》：

流鬼去京師萬五千里，直黑水靺鞨東北，少海之北，三面皆阻
海，其北莫知所窮。人依嶼散居……南與莫曳靺鞨鄰，東南航海十
五日行乃至。

流鬼人住在黑水靺鞨之北的群島，三面是海岸，即今鄂霍次克海西部的
尚塔爾（Shantar）群島。很多人誤以爲流鬼人住在堪察加半島，張松指出流
鬼即尼夫赫（Niwxgu）的音譯，尼夫赫人主要在尚塔爾群島而非堪察加半島。
〔註52〕流鬼國之北的夜叉人，在今俄羅斯東北部，即楚科奇等地。因爲氣候

〔註51〕〔荷〕希勒格著、馮承鈞譯：《中國史乘中未詳諸國考證》，《西域南海史地考
　　　　證譯叢》第三卷，第342～345頁。
〔註52〕張松：《流鬼族屬方位考》，《黑龍江民族叢刊》2009年第6期。

嚴寒，所以住在地穴，《三國志》卷三十《東夷傳》說東北的挹婁人：「常穴
居，大家深九梯，以多爲好。土氣寒，劇於夫餘。」〔註53〕可見《拾遺記》
所言有據。

我已經論證東漢郭憲《漢武帝別國洞冥記》記載的勒畢國，即鄂霍次克
海沿岸的尼夫赫人，所貢細鳥，顏色如同鸚鵡，但是體形如同大蠅，即來自
北美洲的蜂鳥。又說勒畢國又名善語國，善苑國貢蟹長九尺，我指出善苑國
即善語國，所貢巨蟹是日本所產的巨螯蟹。〔註54〕

卷二說：

> 有因祇之國，去王都九萬里，獻女工一人。體貌輕潔，被纖羅
> 雜繡之衣，長袖修裾，風至則結其衿帶，恐飄颻不能自止也。其人
> 善織，以五色絲內於口中，手引而結之，則成文錦。其國人來獻，
> 有雲昆錦，文似雲從山嶽中出也。有列堞錦，文似雲霞覆城雉樓堞
> 也。有雜珠錦，文似貫珠佩也。有篆文錦，文似大篆之文也。有列
> 明錦，文似列燈燭也。幅皆廣三尺。其國丈夫勤於耕稼，一日鋤十
> 頃之地。又貢嘉禾，一莖盈車。

因祇國就是印度，祇的上古音是端母脂部 tyei，所以因祇譯 India。印度
在熱帶，所以國人勤於種稻，而且禾苗很大。

所說的花紋也都有根據，雲昆錦，是雲在山上。列堞錦，是連續的城堞，
這種從西域傳來的紋樣影響了中原。〔註55〕雜珠錦，類似珠串，是一種從西
域傳來的常見連珠紋，唐初進入中原，非常盛行。篆文錦當然不是中國的大
篆，而是類似大篆的文字。新疆出土的古代織錦，有模仿漢字的紋樣。〔註56〕

卷六說：

> 宣帝地節元年，樂浪之東，有背明之國，來貢其方物。言其鄉
> 在扶桑之東，見日出於西方。其國昏昏常暗，宜種百穀，名曰融澤，
> 方三千里。五穀皆良，食之後天而死。有決日之稻，種之十旬而熟。
> 有翻形稻，言食者死而更生，天而有壽。有明清稻，食者延年也。

〔註53〕〔晉〕陳壽：《三國志》，第 847 頁。

〔註54〕周運中：《漢武別國考》，《暨南史學》第 13 輯，第 27 頁。

〔註55〕趙豐、齊東方主編：《錦上胡風——絲綢之路紡織品上的西方影響（4～8 世紀）》，上海古籍出版社，2011 年，第 68 頁。

〔註56〕趙豐：《錦程：中國絲綢與絲綢之路》，香港城市大學出版社，2012 年，第123 頁。

清腸稻，食一粒歷年不饑。

樂浪郡在今朝鮮半島北部，其東的扶桑之東，有一種稻，兩百天才成熟，正是因爲天氣寒冷，生長週期長。其地有三千里沼澤，很可能在今黑龍江下游或北海道。一般認爲這些地方水稻品種是近代日本人培育，但從《拾遺記》來看，當地土著民族早已培育。

《拾遺記》卷七說曹魏：

> 明帝即位二年，起靈禽之園，遠方國所獻異鳥殊獸，皆畜此園也。昆明國貢嗽金鳥。國人云：「其地去燃洲九千里，出此鳥，形如雀而色黃，羽毛柔密，常翱翔海上，羅者得之，以爲至祥。聞大魏之德，被於荒遠，故越山航海，來獻大國。」帝得此鳥，畜於靈禽之園，飴以眞珠，飲以龜腦。鳥常吐金屑如粟，鑄之可以爲器。昔漢武帝時，有人獻神雀，蓋此類也。此鳥畏霜雪，乃起小屋處之，名曰「闢寒臺」，皆用水精爲戶牖，使內外通光。宮人爭以鳥吐之金用飾釵佩，謂之「闢寒金」。故宮人相嘲曰：「不服闢寒金，那得帝王心？」於是媚惑者，亂爭此寶金爲身飾，及行臥皆懷挾以要寵幸也。魏氏喪滅，池臺鞠爲煨燼，嗽金之鳥，亦自翱翔矣。

我以爲這種來自熱帶海外的嗽金鳥即金絲燕，吐出的金屑如粟，可以鑄造成器，無疑是燕窩。燕窩廣泛分布在東南亞各地，中國海南的大洲島等地也產燕窩。嗽金鳥來自昆明國，不是今天的雲南昆明，這是東南亞的昆明。前人早已指出昆明就是吉蔑（Khmer）的異譯，所以此處的海外昆明很可能是東南亞的南亞語系民族，或許在今柬埔寨一帶。

《太平御覽》卷九二二引《廣州志》：「燕有三種，乳於巖崖者，爲土燕。」廣州的這種土燕很可能就是金絲燕，正是在巖崖上築巢。

《拾遺記》卷八說孫權時有：「神膠出郁夷國，接弓弩之斷弦，百斷百續也。」六朝人託名東方朔所作的《海內十洲記》也說西海的鳳麟洲：「煮鳳喙及麟角合煎作膏，名之爲續弦膠，或名連金泥。此膠能續弓弩已斷之絃，連刀劍斷折之金。更以膠連續之處，使力士掣之，他處乃斷，所續之際終無斷也。武帝天漢三年，帝幸北海，祠恒山。四月西國王使至，獻此膠四兩，及吉光毛裘。」

西晉張華《博物志》：「漢武帝時，西海國有獻膠五兩者，帝以付外庫。餘膠半兩，西使佩以自隨。後武帝射於甘泉宮，帝弓弦斷，從者欲更張弦，

西使乃進，乞以所送餘香膠續之，座上左右莫不怪。西使乃以口濡膠爲水注斷弦兩頭，相連注弦，遂相著。帝乃使力士各引其一頭，終不相離。西使曰：可以射。終日不斷，帝大怪，左右稱奇，因名曰續弦膠。」

這種神膠應是出自東南亞的橡膠或紫膠，紫膠據勞費爾考證，中國人最早稱爲蟻漆，樂史《太平寰宇記》卷一百七十一愛州引張勃《吳錄》：「居風縣有蟻絮，藤人視土中，知有蟻，因墾發，有木枝插其上，則蟻出緣，如生漆堅凝。」〔註57〕唐代稱爲紫礦，《唐六典》卷二十二稱紫礦等出自廣州與安南。

段成式《酉陽雜俎》卷十八：「紫鉚樹，出眞臘國，眞臘國呼爲勒伕。亦出波斯國。樹長一丈，枝條鬱茂，葉似橘，經冬而凋。三月開花，白色，不結子。天大霧露及雨沾濡，其樹枝條即出紫鉚。波斯國使烏海及沙利深所說並同。眞臘國使折衝都尉沙門施沙尼拔陀言，蟻運土於樹端作窠，蟻壤得雨露凝結而成紫鉚。崑崙國者善，波斯國者次之。」〔註58〕此處的波斯是蘇門答臘島的波斯，詳見下文。

據謝弗考證，紫膠源自中南半島樹上的紫膠蟲，可以通過吸取植物汁液分泌一種樹脂，稱爲紫膠，福祿州和龐州出產，在今越南。〔註59〕《拾遺記》卷十說郁夷國在蓬萊山之東，則在呂宋島之東。

《拾遺記》卷二說周成王六年：

> 燃丘之國獻比翼鳥，雌雄各一，以玉爲樊。其國使者皆拳頭尖鼻，衣雲霞之布，如今朝霞也。經歷百有餘國，方至京師。其中路山川不可記。越鐵峴，泛沸海，蛇洲、蜂岑。鐵峴峭礪，車輪剛金爲輞，比至京師，輪皆銚銳幾盡。又沸海洶湧如煎，魚鱉皮骨堅強如石，可以爲鎧。泛沸海之時，以銅薄舟底，蛟龍不能近也。又經蛇洲，則以豹皮爲屋，於屋内推車。又經蜂岑，燃胡蘇之木，此木煙能殺百蟲。經途五十餘年，乃至洛邑。

燃丘即燃洲，《梁書》卷五十四《海南諸國傳》：「又傳扶南東界即大漲海，海中有大洲，洲上有諸薄國，國東有馬五洲。復東行漲海千餘里，至自然大洲。其上有樹生火中，洲左近人剝取其皮，紡績作布，極得數尺以爲手巾，

〔註57〕〔宋〕樂史撰、王文楚等點校：《太平寰宇記》，第3271～3272頁
〔註58〕〔美〕勞費爾著、林筠因譯：《中國伊朗編》，第327～330頁。
〔註59〕〔美〕謝弗著、吳玉貴譯：《唐代的外來文明》，第318頁。

與焦麻無異而色微青黑。若小垢洿，則投火中，復更精潔。或作燈炷，用之不知盡。」〔註60〕

自然即自燃，然是燃的古字。《太平御覽》卷七八六引《外國傳》：「扶南之東漲海中有大火洲，洲上有樹，得春雨時皮正黑，得火燃樹皮，正白。紡績以作手巾，或作燈注，用不知盡。」《太清金液神丹經》：「斯調洲土東南望，夜視常見有火光照天，如作大治。冥夜望其火光之照也，云是炎洲所在也，有火山，冬夏有火光。」斯調在今爪哇島，因爲有火山，故名燃洲。〔註61〕

從燃洲到中國要經過上百個國家，過鐵峴、沸海、蛇洲、蜂岑，這是一段寶貴的航路記載，也是中國文獻中最早的南海航路。朱應、康泰之書雖然記載很多國家，但是未能傳下航路。這段記載未必出自周代，應是漢魏人所記。從爪哇島到中國，要經過勿里洞島、卡里馬塔島和婆羅洲，而這三個地方恰好是南洋鐵礦的集中分布地，〔註62〕所以鐵峴很可能是指這些地方。沸海也在此附近，因爲靠近赤道，所以水溫較高。

南宋吳自牧《夢粱錄》卷十二《江海船艦》說：「若欲船泛外國買賣，則自泉州，便可出洋。迤邐過七洲洋……若經崑崙、沙漠、蛇龍、烏豬等洋。」我已經指出沙漠洋即沙磨洋，元代方回《平爪哇露布》：「由橄欖嶼而過鬥嶼嶼，自崑崙洋而放沙磨洋。」〔註63〕在《鄭和航海圖》東蛇籠山東南的沙吳皮島附近，沙吳皮即《順風相送》的沙湖嶼，東蛇籠山即納土納群島東南的塞拉散（Serasan）島，沙吳皮是其南的 Karang Sembuni，包括四個珊瑚礁，Karang 是馬來語的礁石。〔註64〕蛇洲或許是指蛇籠山，或許是指多蛇的島。

《拾遺記》卷二說周成王六年：「南陲之南，有扶婁之國。其人善能機巧變化，易形改服，大則興雲起霧，小則入於纖毫之中。綴金玉毛羽爲衣裳。能吐雲噴火，鼓腹則如雷霆之聲。或化爲犀、象、獅子、龍、蛇、犬、馬之狀。或變爲虎、兕，口中生人，備百戲之樂，宛轉屈曲於指掌間。人形或長數分，或複數寸，神怪欻忽，衒麗於時。樂府皆傳此伎，至末代猶學焉，得

〔註60〕〔唐〕姚思廉：《梁書》，第 788 頁。

〔註61〕周運中：《中國南洋古代交通史》，第 143～145 頁。

〔註62〕〔澳〕安東尼·瑞德著、吳小安、孫來臣譯：《東南亞的貿易時代》第一卷，北京：商務印書館，2010 年，第 124～129 頁。

〔註63〕〔元〕方回：《桐江集》卷五，《續修四庫全書》第 1322 冊，臺北：商務印書館，1986 年，第 445 頁。

〔註64〕周運中：《鄭和下西洋新考》，第 153～161 頁。

粗亡精，代代不絕，故俗謂之婆候伎，則扶婁之音，訛替至今。」

東漢有大秦幻人從南方海路來華，扶婁幻人也是此類人。《後漢書》卷九十六《南蠻西南夷列傳》：「永寧元年，撣國王雍由調復遣使者詣闕朝賀，獻樂及幻人，能變化吐火，自支解，易牛馬頭。又善跳丸，數乃至千。自言我海西人。海西即大秦也，撣國西南通大秦。明年元會，安帝作樂於庭，封雍由調為漢大都尉，賜印綬、金銀、綵繒各有差也。」撣國即今緬甸北部的撣邦，東羅馬帝國的商人通過孟加拉國灣到緬甸，又入中國。

同書卷九十八《西域傳》說：「至桓帝延熹九年，大秦王安敦遣使自日南徼外獻象牙、犀角、玳瑁，始乃一通焉。其所表貢，並無珍異，疑傳者過焉。」大秦王安敦即羅馬王 Marcus Aurelius Antonius，在 162～165 年間東征安息，試圖從波斯灣打通到東方的海路。

扶婁國，或許就是波遼國。上古音的扶是滂母魚部 biua，波是幫母歌部 puai，讀音很近。

《拾遺記》卷九說曹魏泰始元年，有頻斯國人來朝：

> 其國有大楓木成林，高六七十里，善算者以里計之，雷電常出樹之半。其枝交蔭於上，蔽不見日月之光。其下平淨掃灑，雨霧不能入焉。樹東有大石室，可容萬人坐……緝石為床……不食五穀，日中無影，飲桂漿雲霧，羽毛為衣。

頻斯國應在熱帶，森林遮光蔽日，應是熱帶雨林，人住石洞，羽毛為衣，不懂農業，非常原始。汪大淵《島夷志略》羅婆斯：「國與麻加那之右山聯屬，奇峰磊磊，如天馬奔馳，形勢臨海。風俗野樸，不織不衣，以鳥羽掩身。食無煙火，惟有茹毛飲血，巢居穴處而已。」我已指出，麻加那是麻那加，即蘇門答臘島西岸的米南家保（Menankabwa），羅婆斯是婆羅斯，即蘇門答臘島西部，統稱為巴魯斯（Barus），即義淨《南海寄歸內法傳》自序的婆魯師洲、《新唐書》卷四十三廣州通海夷道的婆露國。〔註65〕頻斯國很可能是南海的波斯國，讀音接近。

南宋周去非《嶺外代答》卷三：「西南海上波斯國，其人肌理甚黑，鬢髮皆拳，兩手鈐以金串，縵身以青花布。無城郭。其王早朝，以虎皮蒙杌，疊足坐，群下禮拜。出則乘軟兜或騎象，從者百餘人，執劍呵護。食餅肉飯，

〔註65〕周運中：《中國南洋古代交通史》，第 386～387 頁。

盛以瓷器，掬而啖之。」〔註66〕

南海中的波斯國，意大利人吉里尼（Colonel Gerini）、法國人費琅（Gabriel Ferrand）、日本人坪井熊三與勞費爾等都有考證，一般認爲在今蘇門答臘島北部的帕賽（Pasai）。〔註67〕

婆魯師之名源自馬來語的西 barat，因爲蘇門答臘島之西在南海群島最西部，故有此名。《太平御覽》卷七百九十歌營國引《南州異物志》：「歌營國在句稚南，可一月行到，其南大灣中，有洲名蒲類，上有居人，皆黑如漆，齒正白，眼赤，男女皆裸形。」卷七八七：「吳時，康泰爲中郎，表上《扶南土俗》：（拘）利正東行，極崎頭，海邊有居人，人皆有尾五六寸，名蒲羅中國，其俗食人。」《神丹經》：「歌營國，在句稚南，可一月行乃到其國。又灣中有大山林迄海邊，名曰蒲羅中。有殊民，尾長六寸，而好啖人。論體處類人獸之間。言純爲人，則有尾且啖人。言純爲獸，則載頭而倚行。尾同於獸，而行同於人。由形言之，則在人獸之間，末黑如漆，齒正白銀，眼正赤，男女裸形無衣服，父子、兄弟、姊妹露身對面同臥，此是歌營國夷人耳。別自有佳人也。」

托勒密地圖 Iabadiu（爪哇）西北有 Barussae，即婆魯師。〔註68〕我已指出，中的上古音是 tiuəm，現在閩南語還保留知端合一的特點，中讀爲 tion。蒲羅中即 barat 的音譯，〔註69〕可見婆魯師人的原始在古代非常出名。

《拾遺記》卷九說西晉張華著成《博物志》四百卷，晉武帝：「即於御前賜青鐵硯，此鐵是于闐國所出，獻而鑄爲硯也。賜麟角筆，以麟角爲筆管，此遼西國所獻。側理紙萬番，此南越所獻。後人言陟裏，與側理相亂，南人以海苔爲紙，其理縱橫邪側，因以爲名。」于闐出鐵，遼西的麟是一種鹿，不足爲奇。最奇特的是嶺南的海苔紙，僅此一見。

王嘉《拾遺記》雖然也記載了很多西北域外事物，比如卷六燉煌崑崙瓜、條支國大鵲，也符合史實，敦煌在唐宋因爲出產好瓜而名爲瓜州，條支大鵲即西亞的鴕鳥。但是這些事物在正史就有，不是特別新奇。而書中最珍貴的記載都在東南海外，令人懷疑這些資料是否出自西北人王嘉之手。

〔註66〕 〔宋〕周去非著、楊武泉校注：《嶺外代答》，第 114 頁。
〔註67〕 〔美〕勞費爾著、林筠因譯：《中國伊朗編》，第 317〜326 頁。
〔註68〕 〔日〕別枝篤彥著、潘明智譯：《西洋地圖學史對馬來群島的認識》，潘明智、張清江：《東南亞歷史地理譯叢》，新加坡南洋學會，1989 年，第 124〜125 頁。
〔註69〕 周運中：《中國南洋古代交通史》，第 138 頁。

特別是卷十《諸名山》不合全書體例，專記地理，不按時間。此篇所記除了海外五大神山，還有昆吾山與洞庭山，而昆吾山又說到江西豐城縣與福建延平津，都在南方。今本《拾遺記》經過蕭綺整理，這些東南海外的資料是否來自蕭綺的增補？不過這些資料也有可能是王嘉在北方收集。

五、張華《博物志》

西晉張華撰《博物志》，張華喜好方術之書，今本《神異經》題張華注，王嘉《拾遺記》卷九說：「張華字茂先，挺生聰慧之德，好觀秘異圖緯之部，捃採天下遺逸，自書契之始，考驗神怪，及世間閭里所說，造《博物志》四百卷，奏於武帝。帝詔詰問：『卿才綜萬代，博識無倫，遠冠羲皇，近次夫子。然記事採言，亦多浮妄，宜更刪翦，無以冗長成文。昔仲尼刪《詩》、《書》，不及鬼神幽昧之事，以言怪力亂神。今卿《博物志》，驚所未聞，異所未見，將恐惑亂於後生，繁蕪於耳目，可更芟截浮疑，分爲十卷。』」很可惜今本《博物志》可能僅是十卷本的殘篇。

今本《博物志》卷五有《方士》、《辨方士》，卷四專論草藥，還有很多條目爲類書、藥書徵引，可見張華確實重視道教。

張華《博物志》卷一說：

> 東越通海，處南北尾閭之間。三江流入，南（海）通東冶，山高海深，險絕之國也。

前人誤點爲三江流入南海，通東冶，其實應是三江流入，南通東冶。海字是衍，東冶在今福州。三江不可能流入南海，三江流入東海，向南通往東冶。上古江南到華南之間主要通過海路，此句提供了新證。

張華《博物志》卷二說：

> 漢武帝時，弱水西國有人乘毛車以渡弱水來獻香者，帝謂是常香，非中國之所乏，不禮其使。留久之，帝幸上林苑，西使千乘輿聞，並奏其香。帝取之看，大如鸞卵，三枚，與棗相似。帝不悅，以付外庫。後長安中大疫，宮中皆疫病。帝不舉樂，西使乞見，請燒所貢香一枚，以闢疫氣。帝不得已，聽之，宮中病者登日並差。長安中百里咸聞香氣，芳積九十餘日，香猶不歇。帝乃厚禮發遣餞送。一說漢制獻香不滿斤不得受，西使臨去，乃發氣如大豆者，拭著宮門，香氣聞長安數十里，經數月乃歇。

西域來的香料治好了長安的很多人的疾病，令人想到《漢書・哀帝紀》說建平四年（前 3 年）：「春，大旱。關東民傳行西王母籌，經歷郡國，西入關至京師。民又會聚祠西王母，或夜持火上屋，擊鼓號呼相驚恐。」為何大旱時的中國人想到西王母？很可能是因為那時的中國人對西域充滿想像，以為西王母能救苦救難，而這就與源自西域的很多珍寶有關。

此條說到弱水之西，而漢代人正是聽聞弱水、西王母在安息之西，《史記・大宛列傳》：「安息長老傳聞條枝有弱水、西王母，而未嘗見。」

張華《博物志》卷三說：

> 東海有物，狀如凝血，從廣數尺，方員，名曰鮓魚，無頭目處所，內無藏，眾蝦附之，隨其東西。人煮食之。

此物無疑是海蜇，方員是頭員之形訛，即頭部圓形，顏色與體態就像血液凝結。所謂鮓，就是蜇。由於今本《博物志》殘缺，所以原本很可能還有很多海洋生物。

《太平廣記》卷引唐代劉恂《嶺表錄異》：

> 水母，廣州謂之水母，閩謂之魠。（癡駕反）其形乃渾然凝結一物，有淡紫色者，有白色者。大如覆帽，小者如碗。腸下有物如懸絮，俗謂之足，而無口眼。常有數十蝦寄腹下，咂食其涎。浮泛水上，捕者或遇之，即欻然而沒，乃是蝦有所見耳。（《越絕書》云，海鏡蟹為腹，水母蝦為目。）南中好食之，云性暖，治河魚之疾。然甚腥，須以草木灰，點生油，再三洗之，瑩淨如水精紫玉。肉厚可二寸，薄處亦寸餘。先煮椒桂或豆蔻、生薑，縷切而炸之，或以五辣肉醋，或以蝦醋，如鱠食之。最宜蝦醋，亦物類相攝耳。水母本陰海凝結之物，食而暖補，其理未詳。（出《嶺表錄異》）

因為水母往往有毒刺，很多大魚不敢下嘴，於是很多小蝦附居在水母身旁，作為保護傘。

張華《博物志》卷一說：

> 漢北廣遠，中國人鮮有至北海者。漢使驃騎將軍霍去病北伐單于，至瀚海而還，有北海明矣。漢使張騫渡西海，至大秦。西海之濱，有小崑崙，高萬仞，方八百里。東海廣漫，未聞有渡者。南海短狹，未及西南夷以窮斷，今渡南海至交趾者不絕也。

雖然上古中國人即有四海觀念，但是張華此處詳細考證四海，這是前人

所未曾發。他說中國人很少有到北海，未曾聽說有人渡過東海。西海有小崑崙，可能是誤傳，總之漢代就有甘英等人到西海。南海較短，未及西南夷之外就中斷了，渡過南海到交趾的人最多。

他說南海不到西南夷之外，也就是說南海不到今雲南之外的印度洋，說明張華或這段資料的原始作者不知道南海與印度洋在馬六甲海峽相連。這是因爲漢代人主要是在今泰國南部的地峽與印度洋的商人貿易，很少越過馬六甲海峽。這段話反映了南洋交通史的地峽時代，非常珍貴。六朝時期中國人經過馬六甲海峽越來越多，東晉的法顯就是經過馬六甲海峽從印度回國，所以這樣的論述在六朝之後就看不到了。或許孫吳和西晉已經有人知道，但是張華抄錄的是舊資料，畢竟他在中原，不熟悉南海情況。

郭知達《九家注杜詩》引《博物志》：

> 東海之外有渤澥，故與東海共稱渤海。

東海之外的渤澥，很可能是今日本海，通過對馬海峽連通渤海。這個觀點或許很早就有，所以唐代有渤海國，其實是指日本海。唐代段成式《酉陽雜俎》卷十四《諾皋記上》說阿依努人在東海第三汊第十島長鬚國，稱日本海爲東海第三汊，說明古人認爲東海和日本海連通。這也解釋《列子》稱五大神山是渤海之東，因爲古人認爲日本海也是渤海的分汊。

六、嵇含《南方草木狀》

東晉嵇含《南方草木狀》是植物學的書，嵇含是嵇康之孫，是葛洪好友，《晉書》卷七十二《葛洪傳》說：「尤好神仙導養之法。從祖玄，吳時學道得仙，號曰葛仙公，以其練丹秘術授弟子鄭隱。洪就隱學，悉得其法焉。後師事南海太守上黨鮑玄。玄亦內學，逆占將來，見洪深重之，以女妻洪。洪傳玄業，兼綜練醫術……洪見天下已亂，欲避地南土，乃參廣州刺史嵇含軍事。」〔註70〕所以嵇含留心植物，很可能源自道家服食之需。

書中有很多道教內容，比如卷上甘藷：「惟海中之人壽百餘歲者，由不食五穀，而食甘藷故爾。」菖蒲：「安期生彩服仙去，但留玉舄焉。」乞力伽：「劉涓子取以作煎，令可丸，餌之長生。」卷中楓人：「越巫取之作術，有通神之驗。取之不以法，則能化去。」杉：「術士廉盛曰：合浦東杉葉也，此休徵當出王者。」卷下海棗樹：「昔李少君謂漢武帝曰：臣嘗遊海上，見

〔註70〕〔唐〕房玄齡等：《晉書》，第1911頁。

安期生食臣棗，大如瓜，非誕說也。」庵摩勒：「術士以變白鬚髮，有驗。出九眞。」

馬泰來認爲今本《南方草木狀》作者不是嵇含，而是唐代人僞作，理由是《晉書》卷八十九《嵇含傳》不提在廣州任官，卷上劉涓子是劉裕族父，在嵇含之後，又說上古有道家涓子，葛洪《神仙傳序》說：「涓子餌術以著經。」宋代人混淆劉涓子和涓子，又說乞力伽是唐代才有記載，即《舊唐書》卷一百九十八底也伽、顯慶四年（659 年）《新修本草》的底野伽，卷中說建安八年交州刺史張津送益智子給曹操不可信，此時曹操尚未強大，卷中蜜香紙獨見於此書，《大觀本草》卷十二沉香引《圖經》轉引《嶺表錄異》說：「廣管羅州多箋香，如櫃柳，其花白而繁，皮堪作紙，名爲香皮紙，灰白色，有文如魚子牋。」卷下柑蟻是抄自《嶺表錄異》柑蟻，卷中抱香履所引東方朔《瑣語》不見於宋代以前其他典籍，根據《北戶錄》注引《梁武小說》可知所引東方朔《瑣語》之句出自《梁武小說》。〔註71〕

我認爲以上證據無一成立，嵇含在廣州任官有《晉書・葛洪傳》爲證，而馬泰來之文不提。既然涓子和劉涓子易混淆，則《南方草木狀》的劉涓子應是涓子之誤。乞力伽、蜜香紙在唐宋有記載，不能說六朝人就不能記載。張津送益智子，顯然不能用曹操不強大就否定，建安八年的曹操已經滅袁紹，不能說不強大。不能因爲東方朔《瑣語》缺少記載就說此書是僞造，古代散佚的書很多，《梁武小說》即梁武帝命殷芸所編的《殷芸小說》，六朝人本來大量抄錄漢代的書，不能因此說這句話就出自六朝。

卷上說：

> 耶悉茗花、末利花，皆胡人自西國移植於南海。南人憐其芳香，競植之。陸賈《南越行紀》曰：「南越之境，五穀無味，百花不香。」此二花特芳香者，緣自胡國移至，不隨水土而變，與夫橘北爲枳異矣。彼之女子，以彩絲穿花心，以爲首飾。末利花，似薔蘼之白者，香愈於耶悉茗。

勞費爾未能看到嵇含的原文，原文引用陸賈《南越行紀》，僅說南越百花不香，不提有茉莉花，但是勞費爾誤以爲陸賈已經說到茉莉花，因而指責《南方草木狀》不可信。勞費爾又說，耶悉茗花源自阿拉伯語 jāsamīn，不是大秦

（羅馬）語，所以《南方草木狀》不可信。〔註72〕

其實他如果認真通讀《南方草木狀》就會發現，此書的大秦指的是大秦商人引進，中國人誤以為大秦出產，《三國志》卷三十《烏丸鮮卑東夷傳》之末引魚豢《魏略・西戎傳》說大秦：

> 大秦多金、銀、銅、鐵、鉛、錫、神龜、白馬、朱髦、駭雞犀、瑇瑁、玄熊、赤螭、闢毒鼠、大貝、車渠、瑪瑙、南金、翠爵、羽翮、象牙、符採玉、明月珠、夜光珠、眞白珠、虎珀、珊瑚、赤白黑綠黃青紺縹紅紫十種流離、璆琳、琅玕、水精、玫瑰、雄黃、雌黃、碧、五色玉、黃白黑綠紫紅絳紺金黃縹留黃十種虒毹、五色氍毹、五色九色首下氍毹、金縷繡、雜色綾、金塗布、緋持布、發陸布、緋持渠布、火浣布、阿羅得布、巴則布、度代布、溫宿布、五色桃布、絳地金織帳、五色斗帳、一微木、二蘇合、狄提、迷迷、兜納、白附子、薰陸、鬱金、芸膠、薰草木十二種香。〔註73〕

其中氍毹是印度的棉布，《後漢書・西域傳》天竺：「又有細布好氍毹。」駭雞犀、玳瑁、大貝、硨磲、翠雀、象牙、珍珠、珊瑚等多種熱帶商品都不是羅馬所產，下午還將列出很多證據。

《南方草木狀》卷上又說：

> 水蕉，如鹿蔥，或紫或黃。吳永安中，孫休嘗遣使取二花，終不可致，但圖畫以進。

鹿蔥是百合目、石蒜科、石蒜屬植物，在中國東部有分布，花紫紅色。水蕉，或許是薑目薑科象牙參屬植物，蕉也屬薑目。很多蕉類在中國嶺南有分布，孫吳不可能得不到。象牙參分布在中國西南和印度、尼泊爾等地，所以孫吳難以獲得。象牙參的花也是紫色或黃白色，類似水蔥。

卷上又說：

> 蒟醬，蓽茇也。生於蕃國者，大而紫，謂之蓽茇。生於番禺者，小而青，謂之蒟焉。可以調食，故謂之醬焉。交趾、九眞人家多種，蔓生。

勞費爾指出，這是中國最早記載的蓽撥，可惜把蓽撥和蒟醬混淆。大概是因為蒟醬出自蜀地，而不是東南，所以東南人分不清。勞費爾又懷疑此句

〔註72〕〔美〕勞費爾著、林筠因譯：《中國伊朗編》，第165～167頁。
〔註73〕〔晉〕陳壽：《三國志》，第861頁。

可能是後人添加，〔註74〕我認爲，混淆正說明很可能不是晚出材料。

卷上又說：

> 諸蔗，一曰甘蔗，交趾所生者。圍數寸，長丈餘，頗似竹。斷
> 而食之甚甘，笮取其汁，曝數日成飴，入口消釋，彼人謂之石蜜。
> 吳孫亮使黃門以銀碗並蓋，就中藏吏取交州所獻甘蔗餳……南人
> 云：甘蔗可消酒。又名干蔗。司馬相如《樂歌》曰：太尊蔗漿折朝
> 醒，是其義也。泰康六年，扶南國貢諸蔗，一丈三節。

石蜜的石，不是石頭，而是柘的通假，柘就是蔗。六朝時的蔗糖還是珍品，現在中國考古發現的很多銀碗源自西亞。

劉義慶《幽明錄》：

> 王允、祖安國、張顯等，以太元中乘船，見仙人賜糖飴三餅，
> 大如比輪錢，厚二分。

他們很可能是在東南海外，遇到了當地土著，因爲熱帶產蔗糖，所以得到了糖餅。

卷中說：

> 薰陸香，出大秦。在海邊，有大樹，枝葉正如古松。生於沙中，
> 盛夏，樹膠流出沙上，方採之。

唐代杜佑《通典》卷一八八勃焚洲引東晉葛洪《抱朴子》云：「勃焚洲在南海中，薰綠水膠所出。膠如楓脂矣，所以不可多得者。」夏德先認爲薰陸之名來自突厥語 Künlük，又認爲來自阿拉伯語 kundur，從漢語進入突厥語，伯希和認爲來自海路，因爲 h 不能對應 k，所以不知來自何種語言。〔註75〕其實 h、k 很近，薰陸香來自梵文 kunduruka，實即乳香，是產於南阿拉伯與索馬裏的樹脂。〔註76〕勃焚洲即盤盤國，在今泰國南部。

無論此處的大秦是羅馬還是印度，都不產薰陸香，所以書中的大秦其實是因爲大秦（羅馬）商人引進，所以爲中國人誤以爲是大秦所產。

卷中又說：

> 指甲花，其樹高五六尺，枝條柔弱，葉如嫩榆。與耶悉茗、末

〔註74〕〔美〕勞費爾著、林筠因譯：《中國伊朗編》，第216頁。

〔註75〕〔法〕伯希和著、馮承鈞：《諸蕃志譯注正誤》，《西域南海史地考證譯叢》第一編，第113頁。

〔註76〕〔美〕謝弗著、吳玉貴譯：《唐代的外來文明》，第362頁。

利花皆雪白，而香不相上下。亦胡人自大秦國，移植於南海。而此
花極繁細，才如半米粒許。彼人多折置襟袖間，蓋資其芬馥爾。一
名散沫花。

勞費爾不提散沫花的語源，〔註77〕我認爲很可能源自印歐語的塗抹，現
代英語是 smear，荷蘭語是 smeren，意大利語是 spalmare 或 sbavare，波斯語
是 smarovac，讀音非常接近散沫的上古音 san-muat。指甲花就是塗抹指甲，
所以散沫花的原義是塗抹花，確實源自西方。勞費爾認爲指甲花很可能是從
波斯而非羅馬引進中國，我認爲此說有理，書中的大秦都是大秦（羅馬）商
人。

卷中又說：

> 蜜香紙，以蜜香樹皮葉作之。微褐色，有紋如魚子，極香而堅
> 韌。水漬之，不潰爛。泰康五年，大秦獻三萬幅，常以萬幅賜鎮南
> 大將軍當陽侯杜預，令寫所撰《春秋釋例》及經傳集解以進。未至
> 而預卒，詔賜其家，令上之。

蜜香樹，很可能是白松香樹。此處的大秦，仍然是指從南海來的大秦（羅
馬）商人。西晉初年大秦人進獻如此多的紙張，說明此時中國人對紙張的需
求大爲增加。或許因爲佛道流行，書法勃興，貴族需要很多紙張。

卷中又說：

> 抱香履，抱木生於水松之旁，若寄生。然極柔弱，不勝刀鋸。
> 乘濕時刳而爲履，易如削瓜。既乾，則韌不可理也。履雖猥大，而
> 輕者若通脫木，風至則隨飄而動，夏月納之，可禦蒸濕之氣。出扶
> 南、大秦諸國。泰康六年，扶南貢百雙，帝深歎異，然哂其製作之
> 陋，但置諸外府，以備方物而已。

這種植物，我懷疑是熱帶沿海的海杧果（Cerbera manghas），木材鬆軟，
可以做家具、木屐和小型器具。

卷下又說：

> 海棗樹，身無閒枝，直聳三四十丈，樹頂四面共生十餘枝，葉
> 如栟櫚。五年一實，實甚大，如杯碗。核兩頭不尖，雙卷而圓。其
> 味極甘美。安邑御棗，無以加也。泰康五年，林邑獻百枚。昔李少
> 君謂漢武帝曰：臣嘗遊海上，見安期生食臣棗，大如瓜，非誕說也。

〔註77〕〔美〕勞費爾著、林筠因譯：《中國伊朗編》，第 170～175 頁。

如果安期生等人所說的大棗，確實是海棗，則海棗爲中國人知曉的年代要上溯到秦代。

卷下又說：

> 鉤緣子，形如瓜，皮似橙而金色，胡人重之。極芬香，肉甚厚白，如蘆菔。女工競雕鏤花鳥，漬以蜂蜜，點燕檀巧麗妙絕，無與爲比。泰康五年，大秦貢十缶，帝以三缶賜王愷，助其珍味，誇示於石崇。

鉤緣子，又名枸櫞，現在中國南方也有，但是古代應是從東南亞引進，此處的大秦無疑是指大秦商人。

卷下又說：

> 思簩竹，皮薄而空多，大者徑不過二寸。皮粗澀，以錔犀象，利勝於鐵。出大秦。

思簩竹，應是產自亞洲熱帶，不可能來自大秦（羅馬），很可能是大秦商人運來，所以中國人誤以爲是大秦所產。侗臺語系地名詞頭常見思字，現在是廣西地名的常見字，比如上思縣，唐代廣西有思農州、思琅州、思明州、思陵州、思同州、思廓州、思剛州、思封縣、思恩縣等，據說思是侗臺語的村寨，按照侗臺語的語法放在詞頭，〔註78〕越南古籍《嶺南摭怪》卷二《金龜傳》說安陽王所建的螺城：「又曰思龍城，唐人呼曰崑崙城。」〔註79〕思確實是城寨，所以思簩竹很可能是中國原產。恰好我在樂史《太平寰宇記》卷一六一賀州臨賀縣（今廣西賀州）找到記載：「簩竹，有毒，人以爲弧，刺虎，中之則死。」〔註80〕簩竹應即思簩竹，思簩可能本來指有簩竹的村寨，被人誤以爲是簩竹的專名。樂史《太平寰宇記》抄錄很多漢唐地志，所以這條記載的時間未必很晚。

葛洪的老師鮑玄曾任南海太守，即鮑靚，《晉書》卷九十五《藝術傳》：「鮑靚，字太玄，東海人也……靚學兼內外，明天文河洛書，稍遷南陽中部都尉，爲南海太守。嘗行部入海，遇風，饑甚，取白石煮食之以自濟。」鮑靚重視服食，所以葛洪的很多醫術很可能來自鮑靚。《太平御覽》卷六百六十三引南

〔註78〕李錦芳：《侗臺語言與文化》，民族出版社，2002年，第304頁。
〔註79〕戴可來、楊保筠校點：《嶺南摭怪等史料三種》，中州古籍出版社，1991年，第28頁。
〔註80〕〔宋〕樂史撰、王文楚等點校：《太平寰宇記》，第3084頁。

－113－

朝馬樞《道學傳》：曰：「焦光，字孝然，河東人也。常食白石，煮如芋。每入山伐薪，負之與人。魏授禪，與人別去，不知所適。」《葛洪傳》說鮑玄是上黨人，焦光是河東人，都在今山西省南部。鮑靚應是上黨人，所以有煮食白石法。《神仙傳》白石生：「常煮白石為糧，因就白石山居。」白石山是地理通名，不知是否是唐代人所說洞天福地中的鬱林州白石山（在今廣西桂平）。

七、葛洪《太清金液神丹經》

今傳葛洪《太清金液神丹經》，現在很多學者認為是後人假託或整理，不是葛洪所著原本。饒宗頤指出，《抱朴子・金丹》說葛洪的叔祖父葛仙公葛玄從左慈處得《太清丹經》三卷、《九鼎丹經》一卷，《金液丹經》一卷，葛玄傳給鄭隱，鄭隱傳給葛洪。則《太清》、《金液》是兩書，今則合為一書。今傳《太清金液神丹經》分為三卷，下卷講述葛洪到扶南國聽說的海外地理，不是葛洪親筆所寫，而是道士從《南州異物志》、《扶南異物志》等書取材。

法國學者馬伯樂認為《神丹經》記載大秦（羅馬）多不實，是南朝人偽託。陳國符對葛洪是否去過扶南，持模棱兩可的態度。也有人認定葛洪去過扶南，但是找不到任何鐵證，只能證明這一篇文字是六朝文字。〔註81〕

我認為葛洪未到過扶南，因為那時的人去扶南是一件大事，特別是葛洪這樣位居高職的人，如果去過扶南，《晉書》的傳記不可能不提。葛洪要去交趾，都在廣州被人攔住。《神丹經》卷下說：「余少欲學道，志遊遐外。昔以少暇，因旅南行。初謂觀交嶺而已。有緣之便，遂到扶南。」不提到扶南的原因，如果按照下文的描述應是去尋仙訪藥，但是為何此處不提？

最大的破綻是此篇說師漢國（斯里蘭卡）：「皆奉大道，清潔修法。度漢家威儀，是以名之曰師漢國。」

斯里蘭卡是佛教國家，葛洪竟說此國奉大道？斯里蘭卡的風俗和中國差別太大，此篇竟說因為有中國之風，故名師漢。其實師漢源自獅子國，梵文名是 Simhala，巴利文名即 Sinhala，音譯為師漢。《漢書・地理志》說黃支國（印度建志補羅）：「民俗略與珠厓相類。」珠厓是海南島，漢代的海南島還不是漢地，此處是指都是熱帶風俗。比葛洪晚到斯里蘭卡的法顯不提此國人

〔註81〕 馮漢鏞：《葛洪曾去印支考》，《文史》第 39 輯，1994 年，第 59～69 頁。丁宏武：《葛洪論稿：以文學文獻學考察為中心》，中國社會科學出版社，2013 年，第 45～63 頁。

信道教，不提接近中國風俗。

又說斯調國：「奉大道，似中國人言語，風俗亦然。」古奴斯調國：「人民衣服如中國無異，土地有金玉如瓦石，此國亦奉大道焉。」斯調在爪哇島，古奴斯調在恒河口，本來差異很大，更不可能奉大道，風俗不可能如中國，可見此篇內容也有誇大之處。

以上三國的大道，很可能是大乘佛教，《大唐西域記》卷十一僧伽羅國（斯里蘭卡）：「遵行大乘上座部法。佛教至後，二百餘年，各擅專門，分成二部：一曰摩訶毗訶羅住部，斥大乘，習小教。二曰阿跋耶祇釐住部，學兼二乘。」說明斯里蘭卡原來有大乘佛教傳統。

又說闍婆：「男女溫謹，風俗似廣州人也。」闍婆在今蘇門答臘島東南，闍婆和廣州人的風俗在當時的中原人看來都不是溫謹，《南齊書》卷十四《州郡志上》說廣州：「俚獠猥雜，皆樓居山險，不肯賓服。西南二江，川源深遠，別置督護，專征討之。」交州：「民恃險遠，數好反叛。」越州：「夷獠叢居，隱伏岩障，寇盜不賓，略無編戶。」《隋書》卷三十一《地理志下》說嶺南：「其人性並輕悍，易興逆節，椎結跣踞，乃其舊風。其俚人則質直尚信，諸蠻則勇敢自立，皆重賄輕死，唯富為雄。」〔註82〕可見中原人眼中的嶺南人野蠻果敢，根本不是溫謹。

大秦國說：

> 國人宗道以示八遐矣，亦如老君入流沙化胡也。從海濟，入大江七千餘里，乃到其國。天下珍寶所出……昔中國人往扶南，復從扶南乘船，船入海，欲至古奴國，而風轉，不得達，乃他去。晝夜帆行不得息，經六十日乃到岸邊，不知何處也。上岸索人而問之，云是大秦國。此商人本非所往處，甚驚恐，恐見執害，乃詐技南王使諧大秦王。王見之大驚曰：「爾海邊極遠，故復有人，子何國人乎？來何為扶南使者？」答曰：「臣北海際扶南王使臣，來朝王庭闕，北面奉首矣。又聞王國有奇貨珍寶，並欲請乞玄黃，以光鄙邑也。」大秦王：「子是周國之邊民耶，乃冒洪海二十萬里朝王庭，良辛苦也。向見子至，恐觀化我方，察風俗之厚薄，睹人事之流味耳。豈悟遠貪難得之貨，開爭競之門戶哉。招玄黃以病耳目，長奸盜以益勤苦耶……」乃付紫金夜光，五色玄珠，珊瑚神璧，白和樸英，交頸神

玉瓊虎，金剛諸神珍物，以與使者，發遣便去。語之曰：「我國固貴尚道德，而慢賤此物，重仁義而惡貪賊，愛貞賢而棄淫佚，尊神仙以求靈和，敬清虛以保四氣，陋此華物斑駁玄黃，如飛鴻之視蟲婦。子後復以此貨物來往者，將競吾淳國，傷民耳目，奸爭生於其治，風流由此而弊，當勸關吏，不令子得進也。」言為心盟戒之，使者無言而退也。還四年，乃到扶南……自是以來，無敢往復至大秦者，商旅共相傳如此，遂永絕也……又大秦人白易長大出一丈者，形儀嚴整，舉以禮度，止則澄靜，言氣溶雲，交遊蔚挺。而忽見商旅之夫，言無異音，不知經綸進趣，唯貪貨賄，大秦王是益賤之。盡言周國之人，皆當然也。昔老君以周衰將入化大秦，故號扶南，使者為周人矣。周時四海彌服，扶南皆賓，所以越裳人抱白雉而獻象牙於周也。今四夷皆呼中國作漢人，呼作晉人者，大秦去中國遼遠，莫相往來，唯當是老君曾為周史，既入大秦，必稱周國爾，乃號曰周人，不知周國已經百代也矣。

這裡說有中國人要去古奴國，被風吹離原有航線，兩個月就到了大秦國（羅馬）。大秦王從未見過中國人，中國人詐稱扶南使者，說從北海的扶南來到南海的大秦，求珍寶貿易。大秦王說大秦國風俗醇厚，不愛財寶，給使者很多珍寶，但是下令使者不要再來。從此商人不敢再去大秦，又說大秦人稱中國人為周人，因為老子到大秦，所以稱中國人為周人。

這個故事顯然疑點太多，古奴國在恒河口，即使轉換航向，也不可能兩個月到羅馬。而且羅馬人竟然不愛珍寶，不要中國商人再來，不符合史實，羅馬人看到中國商人應是求之不得。

東漢、孫吳都有大秦人到中國來，中國人不可能不知道大秦國不信道教，可見此書的誇大。

又說大秦在扶南之南，顯然錯誤，說明不僅葛洪未曾到過扶南，此篇的真正作者也未到過扶南。一個到過扶南的人，不可能不知道來扶南貿易的國家絕大多數不在扶南之南，而在扶南之西。下文說：「其大秦、月支欲接崑崙，在日南海行之西南也。」既然知道大秦、月支在日南郡的西南，就不可能在扶南之南。但是其實是在扶南之西北，也不是日南郡的西南，可見此篇作者抄撮成書，矛盾太多，其實不明海外地理。

又說：「察牢國，在安息、大秦中間……國無刑殺，唯修仁義福德為業。」

說月支國：「父慈子孝，法度恭卑，坐不蹲踞，如此天竺不及也，或有奉大道者。」這些話很像儒家所說，此篇很多地方不提丹藥，甚至流露很多儒家思想，說明作者的地位較高。

雖然如此，這篇文章的價值仍然極大。因爲保存了很多六朝文獻，很多內容是僅見於此。此篇的很多地名，我在此前的書中已有考證，本處不再贅述。其實還有很多內容，未曾發掘。

中國人到大秦的故事不是原貌，有很多訛傳內容，但是反映中國人當時在海路不能到大秦。此篇中的大秦，很可能是在今印度南部的大秦，因爲大秦是印歐語的方向通語音譯：

1. 希臘語的右側是 dexiós，西方是 dýsi，古希臘語是 dúsis，顯然是同源字。馬其頓語、保加利亞語的右側是 désen，斯洛文尼亞語是 desni，意大利語是 destra，拉丁語是 dexter，所以古希臘人所說的西方 désen 即大秦，是羅馬。亞歷山大是馬其頓人，最早來中國的歐洲人也是馬其頓人，《後漢書》卷《西域傳》說：「班超遣掾甘英，窮臨西海而還。皆前世所不至，《山經》所未詳，莫不備其風土，傳其珍怪焉。於是遠國蒙奇兜勒皆來歸服，遣使貢獻。」蒙奇兜勒即馬其頓 Macedonia 的音譯，前人看到皆字，一定要分蒙奇兜勒爲蒙奇、兜勒二國，比如張星烺說蒙奇是馬其頓，兜勒是吐火羅，〔註 83〕或說是色雷斯。〔註 84〕我認爲其實不必分爲二國，因爲原文說的是很多遠國來，但是舉例僅有遠方的一個，指蒙奇兜勒等國。《後漢書》是南朝范曄所作，後人不清楚漢代情況、不清楚歐洲情況很正常，或許是古人就誤以爲是二國。吐火羅離馬其頓很遠，距離中國很近，不可能是吐火羅。

2. 印地語的 dasksin 是南方，所以印度南部的大秦，即法顯所說的達嚫，在今戈達瓦里河上游到莫哈納迪河上游一帶。〔註 85〕藤田豐八曾說，大秦源自波斯語的右方 dasina，也即古印度語的 daksira，也即西方。〔註 86〕現在看來此說不確，波斯語的右方是 râst，塔吉克語是 rost，可見大秦不是源自波斯語。

〔註 83〕　張星烺：《中西交通史料彙編》，北京：中華書局，2003 年，第 38 頁。

〔註 84〕　莫任南：《中國和歐洲的直接交往始於何時》，第 26～33 頁。

〔註 85〕　〔晉〕法顯撰、章巽校注：《法顯傳》，北京：中華書局，2008 年，第 116～118 頁。

〔註 86〕　〔日〕藤田豐八著、楊煉譯：《黎軒與大秦》，《西北古地研究》，上海：商務印書館，1935 年，第 160 頁。

　　因為達嚫在印度南部，所以從去古奴國的航線偏轉即到。因為在印度南部，當時貿易不發達，所以不需要中國人的商品，特別是絲綢之類，要中國人不要再來，中國人也不再去。

　　此篇中的隱章國不見於其他書籍，非常珍貴，說：「隱章國，去斯調當三四萬里，希有至其處者。數十年中，炎洲人時乘舶船往斯調耳，雲火珠是此國之所賣有也，故斯調人買得之耳。又有丘陵水田、魚肉果稼、集梁豆芋等。又有麻廚木，其木如松，煮其皮葉，取汁以作餌。煎而食之，其味甜香絕美，食之如飴，又使人養氣，殆食物也。」

　　饒宗頤指出《新唐書》說羅剎國出火珠，今按《新唐書》卷二百二十二下說婆利國（文萊）：「多火珠，大者如雞卵，圓白，照數尺，日中以艾藉珠，輒火出。」雖然占城也獻火珠，但是僅有婆利有火珠的詳細描述，火珠應出自婆利，占城是轉售，或者是占城土產但量少質劣。又說羅剎在婆利之東，婆利在今婆羅洲，則火珠很可能來自其東。隱章國也在斯調（爪哇）之東，唯有經過斯調轉售，所以其他人不能得到。隱章應在今印度尼西亞東部，火珠是一種溶洞出產的洞穴珠，其實是碳酸鈣結石。

　　即使《神丹經》卷下是六朝道士僞託葛洪之名編纂，也反映道士重視海外地理和海外丹藥。關於此書中記載的地名，我已有考證。〔註87〕

　　總之，漢晉道士編撰的書籍及其他雜記有大量珍貴的中外交流史料，很多資料不僅是中國首次記載、僅有記載，也是世界最早記載。比如麵包樹的記載比歐洲人早一千年，反映古代中國人瞭解的地理知識豐富。記載的範圍廣大，北到西伯利亞的貝加爾湖、楚科奇，南到蘇門答臘島、爪哇島。這些記載的內容之豐富，範圍之廣大，描述之精確，都遠遠超出我們的一般想像。其實這也正常，因為漢朝在武帝時期開疆拓土，增加一倍國土。西征大宛，東到海外，南出印度，聲威浩大，漢代人知道的域外事物應該很多。只不過因為中國歷史上的很多藏書散佚，所以沒有流傳下來。

　　道士為了追求長生不老，特別關注域外各種奇異的物產和風俗。漢代的《神異經》、《漢武帝別國洞冥記》、《西京雜記》等書尤其珍貴，《拾遺記》的很多內容也來自漢代。這些書幫助我們理解道教正式產生之前，方士已經收集了很多域外地理資料。

〔註87〕周運中：《中國南洋古代交通史》，第 126～150 頁。

第四章　漢代道士的海上航行

　　漢武帝模仿秦始皇，多次在海上巡遊，或許是六朝人編的《漢武故事》說漢武帝晚年：「欲浮海求神仙，海水暴沸湧，大風晦冥，不得御樓船，乃還。」此事在正史不載，但是反映了漢武帝航海求仙夢想。雖然正史對漢代人航海的記載很少，但是道書則有很多資料。

　　漢武帝派遣很多方士入海，《史記・封禪書》說李少君曾經入海，看到安期生食巨棗，漢武帝遣方士入海求蓬萊安期生等人，雖未能找到安期生，但有更多的海上燕齊方士來言神事。又有齊人欒大說在海上曾經看到安期生、羨門等人，漢武帝封欒大為樂通侯，配以衛長公主，欒大入海求師，海上燕齊方士來言神仙的人更多。欒大雖然被漢武帝斬殺，但是漢武帝：「乃益發船，令言海中神山者數千人，求蓬萊神人。」

　　可見漢朝派出的船隊規模比秦朝還大，這些人雖然沒有徐福那樣為中國人熟知，但他們對中國人的航海事業的發展有很大的促進作用。他們用的都是官船，航行範圍很廣。雖然他們所寫的書籍未能流傳，但是很多資料保留在其他書中，也帶動了後來方士航海，很多方士航海的歷史被道教書籍記載下來。

一、陳長、宮崇到芋嶼與符水派

　　葛洪《神仙傳》卷六：

　　　　陳長者，在芋嶼山六百年。每四時設祭，亦不飲食，亦無所修。
　　人有病者，與祭水飲之，皆愈也。〔註1〕

〔註1〕〔晉〕葛洪撰、胡守為校釋：《神仙傳校釋》，北京：中華書局，2010年，第223頁。

卷七：

> 宮嵩者，大有文才，著道書二百餘卷。服雲母，得地仙道。後
> 入芋嶼山中，仙去。〔註2〕

陳長、宮嵩所到的芋嶼，《漢魏叢書》本陳長條還說：「紵嶼，其山地方圓千里，上有千餘家，有五穀成熟，莫知其年紀，風俗與吳同。」傳說是徐福後代所居，《太平御覽》卷七八二引《外國記》說：

> 周詳汎海，落紵嶼，上多紵，有三千餘家，云是徐福童男之後，
> 風俗似吳人。

葛洪《抱朴子·金丹》說：

> 若不得登此諸山者，海中大島嶼，亦可合藥。若會稽之東翁洲、
> 亶洲、紵嶼，及徐州之莘莒洲、泰光洲、鬱洲，皆其次也。

會稽之東的翁洲即今舟山島，唐代開元二十六年（738年）到大曆六年（771年），曾在舟山群島設翁山縣。

亶洲也是傳說徐福後代居住地，《三國志》卷四十七《吳主傳》記載孫權（182～252）黃龍二年（230年）正月：

> 遣將軍衛溫、諸葛直，將甲士萬人，浮海求夷洲及亶洲。亶洲
> 在海中，長老傳言，秦始皇帝遣方士徐福，將童男童女數千人，入
> 海求蓬萊神山及仙藥，止此洲不還。世相承有數萬家，其上人民，
> 時有至會稽貨布。會稽東縣人海行，亦有遭風流移至亶洲者。所在
> 絕遠，卒不可得至，但得夷洲數千人還。〔註3〕

鬱洲是今連雲港的雲台山，清代，莘莒洲、泰光洲應在今山東半島沿海，泰光洲即今青島市南部的大公島，音近。翁即公，王力早已指出翁、公二字，音近，義通，所以是同源字。〔註4〕翁洲之名可能源自青島東南的大公島，附近又有老公島、小公島，這是大公島的派生地名。明初宋濂說，至正初年有台州人李大翁在海島起事，劫掠漕船。〔註5〕陶宗儀說：「海舶中以司柁曰大翁。」〔註6〕所以大公、大翁很可能是舵公，掌舵要求技術較高，故由長者管理。

〔註2〕〔晉〕葛洪撰、胡守爲校釋：《神仙傳校釋》，第256頁。
〔註3〕〔晉〕陳壽：《三國志》，第1136頁。
〔註4〕王力：《同源字典》，北京：商務印書館，1987年，第375頁。
〔註5〕〔明〕宋濂：《宋學士文集》卷四十，四部叢刊本初編第247冊。
〔註6〕〔元〕陶宗儀：《南村輟耕錄》卷八，北京：中華書局，1959年，第104頁。

從葛洪的話來看，翁洲、亶洲、紵嶼可能是由近及遠，亶洲不是苧嶼，但應該靠近。亶洲、苧嶼在今日本、琉球一帶，說明漢代方士確實來往於海上。亶洲人經常到會稽賣布，苧嶼可能也因為苧麻布得名。

東海之東，以產布聞名，《隋書》卷八十一《流求傳》說隋煬帝大業：

> 三年，煬帝令羽騎尉朱寬入海求訪異俗，何蠻言之，遂與蠻俱往，因到流求國。言不相通，掠一人而返。明年，帝復令寬慰撫之，流求不從，寬取其布甲而還。時倭國使來朝，見之曰：「此夷邪久國人所用也。」〔註7〕

倭國使者說流求（今臺灣）人的布盔甲和夷邪久國（今日本屋久島）人所用相同，說明二者有共同的物產或有貿易來往。徐福後代到會稽郡賣的就是這種一類布，可能是棉布或蕉布、樹皮布等，樹皮布廣泛地分布在中國東南和東南亞、太平洋地區。〔註8〕

棉花，馬來語稱為 kapok，音譯為吉貝，《禹貢》揚州：「島夷卉服。」即中國東南海島居民穿草做的衣服，蘇軾說：「南海島夷，績草木為服，如今吉貝木棉之類，其紋爛斑如貝，故曰吉貝。」南宋蔡沈《尚書集傳》：「今南夷木棉之精好者，亦謂之吉貝。」宋代瓊州（今海口）地方志說：「南中所出木綿、吉布、苧蕉、麻皮，無非卉也。」〔註9〕

因為漢武帝曾經派出大規模的船隊，由燕齊方士率領，到海外尋訪仙山。這些人很可能也到了日本，看到了徐福的後裔，所以在漢代一直有山東人到徐福所到的地方。

漢武帝元鼎六年（前111年）滅閩越，《史記·東越列傳》說：「橫海將軍韓說出句章，浮海從東方往。樓船將軍楊僕出武林，中尉王溫舒出梅嶺，越侯為戈船、下瀨將軍，出若邪、白沙。」句章城在今浙江餘姚大隱鎮的城山村，〔註10〕這一路海軍最早到，滅閩越國。而從閩江上游出發的各部，進展緩慢。說明漢朝的海軍實力很強，從中國航行到海外不是難事。

〔註7〕〔唐〕魏徵等：《隋書》，第1825頁。

〔註8〕吳春明：《「島夷卉服」、「織績木皮」的民族考古新證》，《從百越土著到南島海洋文化》，文物出版社，2012年，第187～202頁。

〔註9〕〔宋〕王象之撰、李勇先校點：《輿地紀勝》卷一百二十四瓊州風俗形勝島夷卉服條引郡志，第3931頁。此句原為無非花卉也，據《方輿勝覽》卷四三瓊州改。

〔註10〕王結華：《句章故城考》，寧波市文物考古研究所、寧波市文物保護管理所：《寧波與海上絲綢之路》，科學出版社，2008年，第116～124頁。

干寶《搜神記》卷二：

　　陳節訪諸神，東海君以織成青襦一領遺之。

這個傳說反映道士從東方海外得到一種罕見的紡織品，不說以何種原料織成，似乎有缺字。

宮嵩，即宮崇，崇、高是同源字。《漢魏叢書》本《神仙傳》說：「宮嵩，琅邪人也。」他是于吉的同鄉和弟子，《三國志》卷四六《孫破虜討逆傳》，裴松之注引虞喜《志林》曰：「順帝時，琅邪宮崇，詣闕，上師于吉所得神書於曲陽泉水上，白素朱界，號《太平青領道》，凡百餘卷。」又引《江表傳》曰：「時有道士琅邪于吉，先寓居東方，往來吳會，立精舍，燒香讀道書，製作符水以治病，吳會人多事之。」〔註11〕

于吉、宮崇是琅邪人，經常往來於江浙。《後漢書・襄楷傳》作于吉，應是干吉，因爲《漢書・地理志》泗水國於縣，根據連雲港尹灣漢簡，是干縣。干縣在今泗陽北部，靠近曲陽縣（今東海曲陽鎮），所以很可能是干吉而非于吉。《後漢書》說干吉是漢桓帝時人，不可能活到孫策時，所以前人指出，很可能是有人冒充干吉。《抱朴子・道意》說：「吳大帝時，蜀中有李阿者，穴居不食，傳世見之，號爲八百歲公。人往往問事，阿無所言，但占阿顏色。若顏色欣然，則事皆吉；若顏容慘戚，則事皆凶；若阿含笑者，則有大慶；若微歎者，即有深憂。如此之候，未曾一失也。後一旦忽去，不知所在。後有一人姓李名寬，到吳而蜀語，能祝水治病頗愈，於是遠近翕然，謂寬爲李阿，因共呼之爲李八百，而實非也。」這種靠冒充古代名人來宣稱長壽的道士，古代很多。

干吉用符水爲人治病，宮崇想必也用此術，而同樣去苧嶼的陳長也是用祭水爲人治病，所以這一派的人大率如此。《晉書》卷一百《孫恩傳》說：「恩窮戚，乃赴海自沉，妖黨及妓妾謂之水仙，投水從死者百數。」〔註12〕孫恩的部眾擅長航海，他大概就是這一派人，所以稱爲水仙。葛洪《抱朴子》卷十九《遐覽》列舉道經，有：「《水仙經》、《尸解經》、《中遁經》。」《水仙經》就是投水成仙，也即尸解水中，也是這一派的書。

葛洪《抱朴子》卷十四《勤求》：

　　干吉、容嵩、桂、帛諸家，各著千所篇。然率多教誡之言，不

〔註11〕〔晉〕陳壽：《三國志》，第1110頁。
〔註12〕〔唐〕房玄齡等：《晉書》，第2634頁。

肯善爲人開顯大向之指歸也。其至眞之訣，或但口傳，或不過尋尺
之素，在領帶之中，非隨師經久，累勤歷試者，不能得也。

容嵩即宮崇，葛洪說各著書千餘篇，比起《神仙傳》的二百篇，誇張太
多。桂即桂君，據《神仙傳》，桂君也是干君的弟子。漢代的道書還比較簡單，
不可能有千餘篇。葛洪看到的書，多是普通教誡，不是大道之言。可能因爲
符水派重視符籙，還未出現高深的教義。

二、閩中徐登與浙東趙昺

干寶《搜神記》卷二：

> 閩中有徐登者，女子化爲丈夫，與東陽趙昺，並善方術。時遭
> 兵亂，相遇於溪，各矜其所能。登先禁溪水爲不流，昺次禁楊柳爲
> 生稊。二人相視而笑。登年長，昺師事之。後登身故，昺東入章安，
> 百姓未知，昺乃升茅屋，據鼎而爨。主人驚怪，昺笑而不應，屋亦
> 不損。趙昺嘗臨水求渡，船人不許。昺乃張帷蓋，坐其中，長嘯呼
> 風，亂流而濟。於是百姓敬服，從者如歸。長安令惡其惑眾，收殺
> 之。民爲立祠於永康，至今蚊蚋不能入。徐登、趙昺，貴尚清儉，
> 祀神以東流水，削桑皮以爲脯。

徐登、趙昺也是祭祀流水，很接近陳長，說明這種符水派在山東、江蘇、
浙江、福建沿海流行。

所謂貴尚清儉，就是所謂清約，南朝天師道士陸修靜的《陸先生道門科
略》說：

> 背盟威清約之正教，盟威法：師不受錢，神不飲食，謂之清約。
> 治病不針灸揚藥，唯服符飲水，首罪改行，章奏而已。

因爲陸修靜主導了南朝天師道的復興，不僅吸納了儒、佛思想，還整合
了上清派、靈寶派，所以《三天內解經》說：

> 至伏羲女媧時，各作姓名，因出三道，以教天民。中國陽氣純
> 正，使奉無爲大道。外胡國八十一域，陰氣強盛，使奉佛道，禁誡
> 甚嚴，以抑陰氣。楚越陰陽氣薄，使奉清約大道……天師以此水給
> 奴身，後人不解，遂相承奉事者，自謂清水之道。

南方的清約大道就是天師道，但南方原來有很多道派，此時天師道要強
調自己的領導地位，所以把南方的天師道主導地位上溯到伏羲之時。所謂中

國無爲大道，其實是指同時代的北朝道教，也是寇謙之等人改革之後的新道教，不是漢晉時期的中原道教。

《宋書》卷八十四《孔覬傳》說：

> 性眞素，不尚矯飾，遇得寶玩，服用不疑，而他物粗敗，終不改易。時吳郡顧覬之亦尚儉素，衣裳器服，皆擇其陋者。宋世言清約，稱此二人。〔註13〕

孔覬是山陰縣（今紹興）人，本來是天師道世家。吳郡顧氏也是天師道世家，因爲二人奉天師道，所以清約。《南齊書》卷五十四《顧歡傳》記載道教重要人物顧歡是吳郡鹽官縣人，唐長孺認爲顧歡居於鹽官，父祖無爵，所以是吳郡顧氏的疏族。〔註14〕我認爲鹽官顧氏的地位不可小覷，因爲《陳書》卷三十三《顧越傳》說：「顧越，字思南，吳郡鹽官人也。所居新坡黃岡，世有鄉校，由是顧氏多儒學焉。」〔註15〕鹽官顧氏，也是名門望族。

徐氏是道教世家，春秋時期率吳國海軍伐齊的是徐承，秦代有徐福，孫恩、盧循和徐道覆是連襟。六朝志怪筆記中有很多徐姓故事，《搜神記》卷一有徐光故事，卷十有徐泰故事，《異苑》卷三有徐恒故事，卷四有徐羨之故事，卷五有徐君廟，卷六有徐琦、徐道饒故事，卷八有徐甋、徐寂之、徐逮故事，卷十有徐邈故事。《幽明錄》有徐精、徐儉、徐郎、徐長夙故事。

徐登的家在今永泰縣，《太平寰宇記》卷一百福州永泰縣：

> 高蓋山，在縣西七十里，常有紫雲所蓋，因曰高蓋山。有水色如金，亦曰金枝山。太守陶夔記云：「山有石井，深三丈，石盆廣二丈，清淨如鏡，土人徐登在此得仙，與東陽趙炳鬥仙術，即此處也。」
> 〔註16〕

永泰縣是唐代永泰二年設立，原屬候官縣。高蓋山在今永泰縣西，已是越人居住的山地。山上有金水、石井、石盆，徐登。

晉顧長生《三吳土地記》說後漢時姑蘇有男子患病，月餘，有術士趙昊在趙地，聽說後泛舟前來。〔註17〕趙昊、趙昺，字形接近。南方原來沒有趙

〔註13〕〔梁〕沈約：《宋書》，北京：中華書局，1974年，第2155頁。

〔註14〕唐長孺：《錢塘杜治與三吳天師道的演變》，《山居存稿續編》，北京：中華書局，2011年，第195頁。

〔註15〕〔唐〕姚思廉：《陳書》，北京：中華書局，1972年，第445頁。

〔註16〕〔宋〕樂史撰、王文楚等點校：《太平寰宇記》，第1995頁。

〔註17〕〔宋〕李昉等編《太平廣記》卷四六八《姑蘇男子》，北京：中華書局，1961年。

姓，這兩個人或有關係。趙在燕齊之間，文化接近。

劉向《列仙傳》卷下：

> 負局先生者，不知何許人也，語似燕、代間人。常負磨鏡局，徇吳市中炫。磨鏡一錢，因磨之，輒問主人，得無有疾苦者，輒出紫丸藥，以與之，得者莫不愈。如此數十年。後大疫，病家至戶，到與藥，活者萬計，不取一錢，吳人乃知其真人也。後止吳山絕崖頭，懸藥下與人。將欲去時，語下人曰：「吾還蓬萊山，為汝曹下神水。」崖頭一旦有水，白色，流從石間來，下服之，多愈疾。立祠十餘處。〔註18〕

負局先生是燕趙人，代是趙地。他能引來蓬萊山的白色神水，也是符水派，他也來往海上。

趙昺用越人方術，《後漢書》卷八十二下《方術傳下》說：「趙炳，字公阿，東陽人，能為越方。時遭兵亂，疾疫大起，二人遇於烏傷溪水之上，遂結言約，共以其術療病。」烏傷即今義烏。《抱朴子‧至理》：「近世左慈、趙明等，以炁禁水，水為之逆流一二丈。又於茅屋上然火，煮食食之，而茅屋不焦。又以大釘釘柱，入七八寸，以炁吹之，釘即湧射而出。又以炁禁沸湯，以百許錢投中，令一人手探撈取錢，而手不灼爛。又禁水著中庭露之，大寒不冰。又能禁一里中炊者，盡不得蒸熟。又禁犬，令不得吠。昔吳遣賀將軍討山賊，賊中有善禁者，每當交戰，官軍刀劍皆不得拔，弓弩射矢皆還向，輒致不利。」山賊即山越，趙明即趙昺、趙炳，他來自東陽郡（今金華），本來是越地。

《異苑》卷九：「晉南陽趙侯少好諸異術，姿形悴陋，長不滿數尺，以盆盛水，閉目吹氣，作禁魚龍立見。侯有白米，為鼠所盜，乃披髮持刀，畫地作獄，四面開門，向東長嘯，群鼠俱到……剖腹看髒，有米在焉。會徒跣須履，因仰頭微吟，雙履自至。人有笑其形容者，便佯說以酒杯向口，即掩鼻不脫，乃稽顙謝過，著地不舉。永康有騎石山，山上有石人騎石馬，侯以印指之，人馬一時落首。今猶在山下。」趙侯是趙昺之形誤，南陽是東陽之誤。

徐登從福建航海到章安，東陽（今浙江東陽）趙昺也到章安，長安是章安之訛，《後漢書》是章安。趙昺的本領征服了航海者，影響很大。

台州最早的政治中心在章安鎮，唐代才廢章安縣。西漢在今章安鎮設回

〔註18〕〔漢〕劉向撰、王叔岷：《列仙傳校箋》，北京：中華書局，2007年，第150頁。

浦縣，東漢改為章安縣，管轄今台州、溫州、麗水的廣大地域。章安在椒江出海口，是重要海港。現在因為泥沙淤積和圍海造田，距離大海已有一定距離。宋高宗從海上南逃時，曾經在章安鎮停船。現在章安古鎮還有很多老建築，我曾多次到章安古鎮考察。

章安縣城在今浙江台州的位置圖

章安鎮古橋

近年章安鎮出土的六朝人面瓦當

　　趙昺在浙東被供爲神，台州人稱爲白鶴大帝，至今還有很多白鶴廟。《太平寰宇記》卷九十八台州臨海縣：「白鶴山，在縣東二十里……《郡國志》云漢末有徐公於此山成道，控鶴騰空而去。」此處徐公即徐登，但嘉定《赤城志》卷三十一說：「靈康廟在（臨海）縣東南二十里白鶴山，祀東漢趙昺。」

三、朱仲、服閭海上販賣珠寶

　　來往於海上的道士們，在尋仙訪藥時，也順代經營海上貿易，二者不矛盾，劉向《列仙傳》卷上：

　　　　朱仲者，會稽人也。常於會稽市上販珠。漢高后時，下書募三

寸珠。仲讀購書笑曰：「直值汝矣。」齎三寸珠，詣闕上書。珠好過度，即賜五百金。魯元公主復私以七百金，從仲購珠。仲獻四寸珠，送置於闕即去。下書會稽徵聘，不知所在。景帝時，復來獻三寸珠數十枚，輒去，不知所之云。〔註19〕

卷下：

> 服閭者，不知何所人也，常止莒，往來海邊諸祠中。有三仙人於祠中博，賭瓜，顧閭，令擔黃白瓜數十頭，教令瞑目。及覺，乃在方丈山，在蓬萊山南。後往來莒，取方丈山上珍寶、珠玉賣之，久久。一旦髡頭著赭衣，貌更老。人問之，言坐取廟中物云。後數年，貌更壯好，鬢髮如往日時矣。〔註20〕

《藝文類聚》卷八四引《相貝經》：

> 朱仲受之於琴高，琴高乘魚，浮於海河，水產必究。仲學仙於高，而得其法。又獻珠玉漢武，去不知所之。嚴助為會稽太守，仲又出，遺助以徑尺之貝。並致此文於助曰：皇帝唐堯夏禹三代之貞瑞，靈奇之秘寶，其有次此者，貝盈尺，狀如赤電黑雲，謂之紫貝。素質紅黑，謂之朱貝。青地綠文，謂之綬貝。黑文黃畫，謂之霞貝。紫愈疾，朱明目，綬消氣鄣，霞伏蛆蟲，雖不能延齡增壽，其禦害一也。復有下此者，鷹喙蟬脊，以逐溫去水，無奇功。貝大者如輪，文王請大秦貝，徑半尋，穆王得其殼，懸於昭觀，秦穆公以遺燕晁，可以明目遠察，宜玉宜金。南海貝，如珠礫，或白駮，其性寒，其味甘，止水毒。浮貝使人寡，無以近婦人，黑白各半是也。濯貝使人善驚，無以親童子，黃唇點齒有赤駮是也。雖貝使病瘰，黑鼻無皮是也。嚼貝使胎消，勿以示孕婦，赤帶通脊是也。慧貝使人善忘，勿以近人。赤幟，內殼赤絡是也。嘗貝使童子愚，女人淫，有青唇赤鼻是也。碧貝使童子盜，脊上有縷句唇是也，雨則重，霽則輕。委貝使人志強，夜行伏迷鬼狼豹百獸，赤中圓是也，雨則輕，霽則重。

朱仲經常在會稽郡市場上賣珍珠，漢高后到漢景帝時，朱仲所上的大珍珠，無疑來自南海，應是通過貿易獲得。朱仲的《相貝經》有紫貝、朱貝、

〔註19〕 〔漢〕劉向撰、王叔岷：《列仙傳校箋》，第88頁。

〔註20〕 〔漢〕劉向撰、王叔岷：《列仙傳校箋》，第136頁。

綬貝、霞貝、大秦貝、南海貝、浮貝、濯貝、雛貝、嚼貝、慧貝、赤幟、酱貝、碧貝、委貝等多種貝的形態和藥效，說明漢代人對貝的研究已經非常深入。

　　大秦貝很大，《太平御覽》卷九四一引《相貝經》：「穆王得大紫貝，懸其殼於昭陽觀，以消毒霧。」其實這句話是誤解，《藝文類聚》這句話說的是大秦貝，大秦是羅馬，則來自地中海。周代未必有，漢代應該有。一尋是八尺，大秦貝長半尋，則有一米。可能是指硨磲，最長可達一米。所謂說大如輪，或許是從車字附會而來。其實硨磲是音譯，和車輪無關。硨磲的上古音類似 tçhya-gia，讀音接近他加祿語（Tagalog）的珊瑚 sagay，應該是一種南島語系的貝殼類通稱，漢譯為硨磲。不過硨磲在中國南海就有，似乎不必大秦人帶來。則大秦貝可能是一種較大的渦螺，大的可達半米。

非洲寬口渦螺、南海鱗硨磲

　　紫貝，赤電黑雲，說明外殼像有紅色的閃電在黑色的雲中間，我認為無疑是今人所說的地圖寶螺。外殼褐色，中間有分叉的淺色線條貫穿，很像烏雲之中的閃電。中國南海出產，比較珍貴。

　　素質紅黑的朱貝，可能是鮑魚，很多鮑魚的外殼是紅色，鮑魚有顯著的明目功效。青地綠文的綬貝，可能是帶子，綬就是帶。黑文黃畫的霞貝，可能是牡蠣。霞的上古音是 hea，接近蚵的上古音 khai，現在閩南語仍然讀為蚵。以上三種，至今仍然是常見的食品。

　　南海貝，如珠礫，可能是指出產大珍珠的白蝶貝，產自南海，是中國最大的珍珠貝，殼長可達 30 釐米，外殼是圓形，所以說如同珠礫。有的外殼有白色斑點，所以說或白駿。

　　浮貝，半黑半白，應是黑星寶螺，背部布滿黑點，有的看似純黑，腹部是白色，正是白黑半白。浮通鳧，因爲黑星寶螺形狀橢圓，全身有黑點，類似麻鴨而得名鳧貝。

　　濯貝，黃脣，齒有赤駮，可能是法螺，法螺的脣口是黃色，有條紋，所以說有齒有赤駮。濯通卓，因爲法螺高大而得名。

地圖寶螺、法螺

黑星寶螺的背部和腹部

　　雖貝，黑鼻無皮，疑是黑鼻白皮之誤，貝殼無所謂有沒有皮。指外殼白色，唯有頂端黑色，很可能是玉女芋螺。芋螺一般有毒，芋螺的毒屬蛋白質毒，類似蛇毒。被咬傷中毒則紅腫刺痛，四肢無力，肌肉麻痹，意識幻散，昏厥死亡，所以說使人病癘。雖的讀音近錐，芋螺的外形似錐。日本西南諸

島出土很多上古人製作的貝符，上面有抽象的花紋，是古代巫師祭祀用品。〔註21〕我認為正是因為芋螺能引起幻覺，所以巫師選用芋螺。

嚼貝，赤帶通脊，指有紅色的條紋貫穿脊背，很可能是褐帶鶉螺，外殼有顯著的紅褐色條紋環繞，中國南海出產。爵通雀，雀和鶉都是小鳥，所以嚼貝的本義乃是雀貝。

玉女芋螺、褐帶鶉螺

薈貝使童子愚，女人淫，有青唇赤鼻，很可能是貽貝（淡菜）。因為口部青色，又名青口，青唇就是青口。赤鼻指殼的底部紅色，淡菜剝開類似女性的生殖器，又有茸毛，所以又名海夫人，清代聶璜《海錯圖》：「肉狀類婦人隱物，且有茸毛，故號海夫人。」因而被附會成讓女人淫蕩，讓少年愚笨。其實這兩個說法顯然不確切，淡菜營養豐富，應該是讓人變聰明。薈的讀音來自淫，今人讀為貽貝，是訛誤。

碧貝的脊上有縷句唇，可能是指佛手貝，又名龜足。頭狀部綠色，故名碧貝，所謂縷句唇，指的是頭狀部有彎曲的殼板，句即彎曲。又名狗爪螺，

〔註21〕〔日〕國分直一、木下尚子：《日本南西諸島出土的史前時期貝符》，浙江省社會科學院國際越文化研究中心、中國百越民族史研究會編：《國際百越文化研究》，中國社會科學出版社，1994 年，第 408～413 頁。

因爲看起來手腳很多，所以被附會爲使人偷盜。

貽貝、佛手貝

委貝，赤中圓，是紅色，又是圓形，或許是一種車輪螺，外殼有旋轉的紅色線條，中國南海有出產。委有彎曲的意思，委貝的名字源自彎曲。

我曾經考證漢代揚州和嶺南的海上貿易，〔註 22〕《漢書》卷五三《景十三王傳》說江都王劉建：「遺人通越繇王、閩侯，遺以錦帛奇珍。繇王、閩侯亦遺建荃、葛、珠璣、犀甲、翠羽、蝯、熊、奇獸。數通使往來，約有急相助。」江都王的都城在今揚州，他把錦帛奇珍賣給閩越王，得到來自嶺南的很多商品，其中就有珍珠。既然西漢有這樣的海上貿易，會稽朱仲得到南海的珠璣就很正常。如果朱仲確實是西漢初年人，他的書中已經出現大秦二字則很驚人。

西漢江浙一帶有很多來自嶺南的銅器，吳小平指出，浙江、浙江很多地方都有出土，今揚州出土最多，而江西、安徽則極少看到，所以應該是從海路。〔註 23〕我認爲，這正印證了文獻的記載。

〔註 22〕 周運中：《西漢揚州海上絲路與嶺南荃布考》，《揚州文化研究論叢》第 20 輯，2017 年。

〔註 23〕 吳小平：《長江下游及以北沿海地區的考古發現與漢代海上之路》，2018 年 11 月 18 日南京大學「文獻記載與考古發現：海上絲綢之路的新探索」學術研討會發表。

　　朱仲的書叫《相貝經》，書名即源自方術中的相術。《漢書‧藝文志》說劉向、劉歆父子把書籍分為七類，稱《七略》，其中《數術略》之中有形法家，說：「形法者，大舉九州之勢以立城郭室舍形，人及六畜骨法之度數、器物之形容以求其聲氣貴賤吉凶。猶律有長短，而各徵其聲，非有鬼神，數自然也。然形與氣相首尾，亦有有其形而無其氣，有其氣而無其形，此精微之獨異也。」形法家的書，包括《山海經》、《國朝》、《宮宅地形》、《相人》、《相寶劍刀》、《相六畜》。顯然，形法家即堪輿、相面等術，但是也包括動物學的書，比如《相六畜》，《相貝經》也是這一類書。

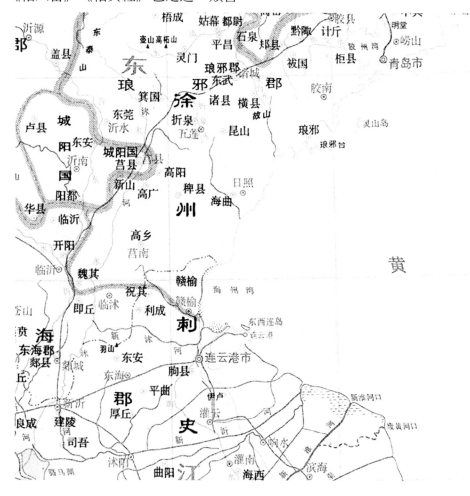

西漢莒縣東南沿海地圖〔註24〕

〔註24〕　譚其驤主編：《中國歷史地圖集》第二冊第 20 頁。

服闆是莒地人，即今山東日照沿海人，他來往海上，取方丈山上珍寶、珠玉賣出。漢代日照和南方的海路貿易，有考古學的證據。前引吳小平之文還指出，漢代山東的東南沿海的墓葬，發現很多來自江南的瓷器，涉及今沂水、安丘、海陽、棲霞、萊西、膠南、青島、交州、曲阜、滕州、微山、嘉祥、五蓮、臨沂、日照等地，日照出土的數量和種類最多，所以江南瓷器從海路輸入山東的主要港口應在今日照。〔註25〕

根據我以前的考證，方丈山是澎湖島。古代的澎湖，確實產珍珠。南宋浙江金華人王象之（1163～1230）編撰有著名地理總志《輿地紀勝》，卷一百三十泉州澎湖嶼條下引唐代詩人施肩吾的《島夷行》：「腥臊海邊多鬼市，島夷居處無鄉里。黑皮年少學採珠，手把生犀照鹹水。」這裡既然明確說到海邊和鹹水，一定是東南沿海。又說到島夷和黑皮少年，顯然是東南沿海的蜑民。鬼市是臨時的市場，因為這些蜑民沒有固定的聚落，在水上漂移。

劉向《列仙傳》卷上：

> 琴高者，趙人也。以鼓琴為宋康王舍人。行涓、彭之術，浮遊冀州涿郡之間二百餘年。後辭，入涿水中取龍子，與諸弟子期曰：「皆潔齋待於水傍。」設祠，果乘赤鯉來，出坐祠中。日有萬人觀之。留一月餘，復入水去。

琴高如果是趙人，則應在涿郡。《太平寰宇記》卷六十六瀛州河間縣：「琴高家，高，河間人也。」〔註26〕但是《水經注・獲水》則作碭郡、碭水，在宋地。宋康王在戰國時，尚無冀州涿郡，或許應是碭水，涿郡或是漢代之後人添加。宋地靠近越地，朱仲之學源自宋地。宋國傳承商文化，靠近東夷，是老莊的家鄉，是道家誕生地。

另外《列仙傳》說：

> 安期先生者，琅琊阜鄉人也。賣藥於東海邊，時人皆言千歲翁。秦始皇東遊，請見，與語三日三夜，賜金璧度數千萬。出，於阜鄉亭皆置去，留書，以赤玉舄一雙為報，曰：「後數年求我於蓬萊山。」始皇即遣使者徐市、盧生等數百人入海，未至蓬萊山，輒逢風波而還。立祠阜鄉亭海邊十數處云。

傳說安期生在秦代人，時代較早，或許不能全信。但是他在東海邊賣藥，

〔註25〕 吳小平：《長江下游及以北沿海地區的考古發現與漢代海上之路》，
〔註26〕 〔宋〕樂史撰、王文楚等點校：《太平寰宇記》，第1344頁。

或許確實經營海外貿易。阜鄉，或許是西漢琅邪郡的邟縣、祓縣，在今膠州，阜、邟、祓讀音接近。不僅靠近琅邪縣，也靠近服閭的家鄉莒縣。說明這一帶人經常到海外，《山海經‧東次三經》無皋山「南望幼海，東望榑木，無草木，多風。」此山是今連雲港錦屏山，〔註27〕說明這裡確實有航路通往海外。

四、霍山、霍童山與芝麻

葛洪《神仙傳》說：

> 樂子長者，齊人也。少好道，因到霍林山，遇仙人，授以服巨勝赤鬆散方，仙人告之曰：「蛇服此藥，化爲龍。人服此藥，老成童。又能升雲上下，改人形容，崇氣益精，起死養生。子能行之，可以度世。」子長服之，年一百八十歲，色如少女。妻子九人，皆服其藥，老者返少，小者不老。乃入海，登勞、盛山，而仙去也。〔註28〕

樂子長也是齊地人，唐代《雲笈七籤》卷二七《洞天福地部》說：「霍桐山洞，周回三千里，名霍林洞天。在福州長溪縣，屬仙人王緯玄治之。」長溪即今寧德，霍林山是今寧德的霍童山，說明樂子長的航行也很遠。勞、盛山很可能是山東的嶗山、成山頭，說明他很可能來往於南北沿海。

樂氏是齊國道教世家，《史記‧樂毅列傳》：

> 而樂氏之族有樂瑕公、樂臣公，趙且爲秦所滅，亡之齊高密。樂臣公善修黃帝、老子之言，顯聞於齊，稱賢師。

> 太史公曰：始齊之蒯通及主父偃讀樂毅之報燕王書，未嘗不廢書而泣也。樂臣公學黃帝、老子，其本師號曰河上丈人，不知其所出。河上丈人教安期生，安期生教毛翕公，毛翕公教樂瑕公，樂瑕公教樂臣公，樂臣公教蓋公。蓋公教於齊高密、膠西，爲曹相國師。

樂子長，或許就是樂巨公。樂臣公，《集解》說又作樂巨公。《史記‧田叔列傳》：「田叔者，趙陘城人也。其先，齊田氏苗裔也。叔喜劍，學黃老術於樂巨公所。」揚雄《方言》卷一云《方言》卷一：「碩、沈、巨、濯、訏、敦、夏、於，大也。齊、宋之間曰巨、曰碩。」巨是大，長也是大，現在中國南方很多地方還把高個子的人稱爲長人。如果樂子長確實是西漢人，則是典籍記載最早到霍童山的道士。

〔註27〕周運中：《〈山海經‧東山經〉地理新釋》，《古代文明》2011年第3期。
〔註28〕〔晉〕葛洪撰、胡守爲校釋：《神仙傳校釋》，第56頁。

霍林洞天是三十六洞天之首，地位極高，在東晉已經非常著名，葛洪《抱朴子・金丹》說：

> 若不得登此諸山者，海中大島嶼，亦可合藥……有霍山，在晉安。

晉安郡在今福建，霍山即霍童山。霍山的名字或許源自今安徽的霍山，也即潛山、天柱山，安徽霍山就是煉丹中心。

關於霍童山和陶弘景的關係，法國著名道教學者施舟人有詳細考證，他指出，陶弘景《眞誥》卷十二說：

> 左理中監準大府長史，昔用韓崇以居之。崇，字長季，吳郡毗陵人也，少好道。林屋仙人王緯玄會，授之以流珠丹一法……年七十四，緯玄乃授以隱解法，得去入大霍山，受緯玄遁化泥丸紫户術以度世，今在洞中爲左理中監（《漢書》所載事蹟亦略同）……云：「王緯玄是楚莊王時侍郎，受術於玉君。」（若是春秋時楚莊王者，疑侍郎之官不似古職，而漢楚王又無莊諡）。〔註29〕

王緯玄是東漢人，他的弟子韓崇見於《後漢書》。陶弘景說王緯玄不是楚莊王時人，或是後人附會。

陶弘景《眞誥》卷九說：

> 大方諸宮，青君常治處也。其上人皆天眞高仙，太極公卿，諸司命所在也，有服日月芒法，雖已得道爲眞，猶故服之。（霍山、赤城，亦爲司命之府，唯太元眞人南嶽夫人在焉。李仲甫在西方，韓眾在南方，餘三十一司命，皆在東華、青童，爲太司命，總統故也）……右此方諸眞人法，出《大智慧經》上中篇，常能用之，保見太平（此即應是《消魔智慧》七篇之限也）右南極夫人所告。〔註30〕

卷十一陶弘景注：「司命常住大霍之赤城。」〔註31〕

卷十三說：

> 羅江大霍有洞臺，中有五色隱芝（此則南眞及司命所任之處也）。〔註32〕

〔註29〕〔梁〕陶弘景著、〔日〕吉川忠夫校注、朱越利譯：《眞誥校注》，中國社會科學出版社，2006年，第386～387頁。

〔註30〕〔梁〕陶弘景著、〔日〕吉川忠夫校注、朱越利譯：《眞誥校注》，第299～300頁。

〔註31〕〔梁〕陶弘景著、〔日〕吉川忠夫校注、朱越利譯：《眞誥校注》，第387頁。

〔註32〕〔梁〕陶弘景著、〔日〕吉川忠夫校注、朱越利譯：《眞誥校注》，第413頁。

卷十四說：

　　仙人郭子華、張季連、趙叔達，晚又有山世遠者，此諸人往來與之遊焉。昔居武當，今來大霍，欲從司命君受書，故未許焉。〔註33〕

《太上洞玄靈寶五符序》卷中：

　　靈寶服食五芝之精……老君曰：苟虱養體，住色還年，一字胡麻，本生大宛，生來萬歲，來東度關，留在中土，斷絕胡蠻。含水之精，卻風除寒，自名巨勝，攘逐邪奸，服之不息，與世長存。巨勝、威傳結親，出胡國，能調和精神，子能服之，故得長生……

　　靈寶巨勝眾方：霍林仙人授樂子長，隱於勞山之陰。巨勝一名胡麻，一名苟虱，一名莫如，一名三光之遺榮，一名天地之更生，一名流朱，一名九變，一名幽昌，一名含腴，一名青襄。青襄，葉名也。

　　延年益壽神方：胡麻子……餌胡麻法……胡麻膏……真人絕穀方：取巨勝二斗……真人絕穀餌巨勝法……真人輕糧辟穀不食方：巨勝一斗二升……

　　靈寶黃精方：……昔人有至霍山赤城內者，見其中有數千家，並耕田墾陸，盡以種此草，多者數十頃，少處數十畝，而其根莖殊大，當是鋤護之至，不如於山中稆出而生矣。草澤皆有之也。昔人即問赤城人：種此草何為？人對之云：此仙草，此中人由來並食之耳，使人長生矣。吳主孫權時聞其說，所言之審，即使人於江東山中種而食之。但權不絕房內，為諸不靜，遂不能得其益也。爾時皆使監司領兵人專守之，吳敗，而此里名故存。江東或名之為菔竹里，或名之為黃里，是權時種植之故處也。弟子葛洪曾聞之於鄭君，言識其始，云：子服戊巳壽不已，子服長生之精，與天相傾。又聞葛仙公所傳云：諸修長生之道，當先去三蟲，下伏屍，乃可將服食，休糧絕穀耳……

　　樂子長煉胡麻膏方……樂子長服胡麻法……胡麻酒方……

卷上：

　　靈寶要訣，霍林仙人授樂子長，隱於勞盛山之陰。道士入山採

〔註33〕〔梁〕陶弘景著、〔日〕吉川忠夫校注、朱越利譯：《真誥校注》，第445頁。

藥，採八石、靈芝，合丹液，及隱身林岫，以卻眾精，諸無靈寶五

符者，神藥沈匿，八石隱形，芝英藏光。

卷下：

> 子長受霍林仙人口訣，似韓眾也。

施舟人認為，韓眾是《史記·秦始皇本紀》的韓眾，陶弘景曾經到霍童山，霍童山能生產各種珍貴草藥，今天生產的五芝仍然很寶貴，大茅君和南嶽夫人魏華存的洞府在霍童山，所以稱為洞天之首。〔註34〕

南嶽夫人魏華存是傳授《上清經》的宗師，傳說住在大霍山，《南嶽夫人傳》說：「位為南嶽夫人，比秩仙公，給曲晨飛蓋以遊九宮，使治天台、大霍山洞臺之中，主下訓奉道，教授當為真仙者。」我認為大霍山原來是指古南嶽霍山，在今安徽省霍山縣之南，不是福建的霍童山。但是霍山的金丹派傳到霍童山，霍童山成為新的聖地，所以很多人認為魏華存住在霍童山。

韓眾時代較早，很可能是東漢的韓崇之訛。霍童山是東漢興起的道教中心，原因確實是生產草藥，但是霍童山不是今天寧德西北不遠的霍童山，而是在今寧德西北數百里。五芝是茯苓、芝麻、椒、薑、菖蒲，但是施舟人未全部考證，特別是最重要的外來植物芝麻。

《太平寰宇記》卷一百福州長溪縣：

> 霍童山，在縣西二百五十里。高七里，岡甚遠。山頂一峰如香
> 爐，半山一峰名曰霍童。上有壇，壇上有石甕盛水，雨則不溢，旱
> 則不竭。《閩中記》云：「鄧元伯、王玄甫於此山吞白霞丹景，得上
> 升之法，內見五藏。山下湧泉，味甘如蜜，云是列仙霍童遊處。」
> 天寶六年，敕改霍童山曰遊仙山。〔註35〕

今霍童山在寧德西北一百里，此處說霍童山在縣西二百五十里，是指今霍童溪上游。應在今周寧縣，原屬長溪縣。清雍正十三年（1735年），分古田縣，設屏南縣。1945年，分寧德縣，設周寧縣。周寧縣西南恰好有滴水岩，山洞口上有泉水數道滴下，符合石甕盛水記載。

樂子長在霍童山所得的巨勝赤鬆散方是一種丹藥，據說巨勝就是胡麻，

〔註34〕施舟人：《第一洞天：閩東寧德霍童山初考》，《中國文化基因庫》，北京大學
出版社，2002年，第133～145頁。

〔註35〕〔宋〕樂史撰、王文楚等點校：《太平寰宇記》，第1995頁。原文是：「天寶
六年敕改為霍童山，亦曰遊仙山。」此說不通，霍童山是本名，遊仙山是改
名，是傳抄之誤。

勞費爾考證過胡麻，《本草綱目》引陶弘景說胡麻本生大宛，勞費爾認爲陶弘景是道教大家、採藥師、煉丹術士，迷信長生不老術，從來沒出過國門，對大宛絕對不會有什麼特殊認識，所以陶弘景說胡麻來自大宛也不確。勞費爾認爲胡麻很可能來自伊朗，在大宛（費爾干納盆地）很繁茂，波斯語是 kunjut，但是勞費爾竟未把 kunjut 和巨勝對應。〔註36〕

勞費爾認爲道士不具備外國知識，今天看來是一種偏見。而且勞費爾也沒有看到《太上洞玄靈寶五符序》記載胡麻的另一個名字苟虱，讀音比巨勝還接近胡麻的波斯語 konjed，塔吉克語是 kunjid，上古音苟是見母侯部 ko，虱是審母質部 sjiet，苟虱 ko-sjiet 用來譯 konjed 非常合適，特別是 t 很接近 d。由此看來，道書記載的胡麻資料可信。

芝麻的別名莫如，不知是否來自泰盧固語的 nuvuulu。三光之遺榮、天地之更生，是從藥用價値命名，流朱、九變、幽昌、含腴、青襄是用外形命名。流朱指芝麻開白花，但有紅色彩暈。九變應是九瓣，指芝麻果實分爲九瓣。幽即黔黑，指黑芝麻的顏色。青襄是葉，指芝麻葉有綠色葉脈。

含腴指含油，故名脂麻。現代寫成芝麻，正是因爲道士把芝麻列入五種最重要的芝草。

葛洪《抱朴子內篇》已引《太上洞玄靈寶五符序》，此書時代很早。胡麻在東漢已經傳入福建，說明胡人很早就活躍在海上絲綢之路。當然，未必是胡人在漢代直接到福建，也有可能是中國人在南洋移植胡麻。勞費爾很多時候不相信早期植物傳播的海路，這是前人的認識侷限。

從海路來的胡人，有的是僧人兼醫生，劉敬叔《異苑》卷六：

> 沙門有支法存者，本自胡人，生長廣州，妙善醫術，遂成巨富。有八尺氍毹，光彩耀目，作百種形象。又有沉香八尺板床，居常香馥。太原王琰爲廣州刺史，大兒邵之屢求二物。法存不與，王因狀法存豪縱，乃殺而籍沒家財焉。法存死後，形見於府內，輒打閣下鼓，似若稱冤，如此經日，王尋得病，恒見法存守之，少時遂亡。邵之比至揚都，亦喪。

支氏是月氏人，應是從印度航行到中國。他因爲醫術致富，氍毹是印度的棉布，《後漢書・西域傳》天竺：「又有細布好氍毹。」《三國志・烏丸鮮卑東夷傳》之末引魚豢《魏略・西戎傳》說大秦（羅馬）有五色氍毹、五色九

色首下羆羆，其實是羅馬商人販賣的印度產品。

如果韓眾是《史記‧秦始皇本紀》所說的方士韓終，很有可能是燕齊方士，則胡麻從北方傳入福建，也有可能。《淮南子‧齊俗》：「今夫王喬、赤誦子，吹嘔呼吸，吐故內新，遺形去智，抱素反真，以遊玄眇，上通雲天。」注：「赤誦子，上谷人也。病瘤入山，導引輕舉。」赤松子是上谷人，則是燕人，很有可能通過草原獲得胡麻。至於燕齊方士是否已經到霍童山，則不能肯定。

劉向《列仙傳》卷上：

> 赤松子者，神農時雨師也。服水玉以教神農，能入火自燒。往往至崑崙山上，常止西王母石室中，隨風雨上下。炎帝少女追之，亦得仙，俱去。至高辛時，復為雨師。今之雨師本是焉。〔註37〕

赤松子服用水玉，而且是神農的老師，神農以草藥聞名，說明赤松子也是金丹派的人。

福建西北也有赤松子採藥的傳說，《太平寰宇記》卷一百南劍州將樂縣：

> 天階山，在縣南二十里，《建安記》云：「山下有寶華洞，即赤松子採藥之所。洞中有泉，有石燕、石蝙蝠、石室、石臼、石井，俗云其井南通沙縣溪。復有乳泉自上而滴，人取服之，登嶺若升碧霄，故有天階之號。」〔註38〕

葛洪《神仙傳》卷七：

> 嚴青者，會稽人也。家貧，常在山中燒炭，忽遇仙人云：「汝骨相合仙。」乃以一卷素書與之，令以淨器盛之，置高處，兼教青服石腦法。青遂以淨器盛書，置高處，便聞左右常有十數人侍之。每載炭出，此神便為引船，他人但見船自行。後斷穀，入小霍山去。
>
> 〔註39〕

小霍山，前人誤以為霍山（今安徽天柱山）餘脈，我以為不確，應是霍童山。嚴青平時行船，所以乘船從會稽到霍童山。他服用石腦，是金丹派。他斷穀是服用芝麻，《真誥》記載了很多用芝麻斷穀之方。

又《真誥》卷十四：

〔註37〕〔漢〕劉向撰、王叔岷：《列仙傳校箋》，第1頁。
〔註38〕〔宋〕樂史撰、王文楚等點校：《太平寰宇記》，第2001頁。
〔註39〕〔晉〕葛洪撰、胡守為校釋：《神仙傳校釋》，第249頁。

> 霍山中有學道者鄧伯元、王玄甫，受服青精石飯，吞日丹景之
> 法，用思洞房已來，積三十四年，乃內見五藏，冥中夜書。以今年
> 正且五日太帝遣羽車見迎，伯元、玄甫以其日，遂乘雲駕龍，白日
> 登天，今在北玄圃臺受書，位爲中嶽眞人（伯元，吳人。玄甫，沛
> 人）。〔註40〕

鄧伯元、王玄甫服青精石飯，青精石是一種丹藥。《三洞珠囊》說：「王褒，字子登，漢王陵七世孫，服青精飯，趨步峻峰如飛鳥。」

葛洪的師傅鄭隱很可能也歸隱霍童山，《抱朴子・遐覽》說鄭隱：

> 太安元年，知季世之亂，江南將鼎沸，乃負笈持仙藥之撲，將
> 入室弟子，東投霍山，莫知所在。

鄭隱本來在廬江，霍山如果是今天柱山，則是向西，不是向東。而且這裡說從江南出走，所以很可能是到霍童山。鄭隱是金丹派的傳人，他去霍童山，說明霍童山確實是金丹派的基地。

鄭隱師從左慈，左慈在南嶽霍山，左慈是金丹派的一代宗師，《抱朴子》卷四《金丹》說：

> 昔左元放，於天柱山中精思，而神人授之金丹仙經，會漢末亂，
> 不遑合作，而避地來渡江東，志欲投名山，以修斯道。余從祖仙公，
> 又從元放受之。凡受《太清丹經》三卷及《九鼎丹經》一卷、《金液
> 丹經》一卷。

天柱山是在今安徽霍山縣之南的古南嶽霍山，〔註41〕《漢書》卷二十五下《郊祀志下》：「上巡南郡，至江陵而東。登禮灊之天柱山，號曰南嶽。」《漢書・地理志》廬江郡灊縣：「天柱山在南，有祠。」所以霍童山之名很可能來自霍山。《搜神記》卷一說陶安公在六安的冶鑄師，朱雀說他「冶與天通」，騎龍飛去，說明霍山確實是金丹派道士基地。

唐代賈嵩《華陽陶隱居內傳》說：

> 後入楠溪青幛山，愛其稻田，乃居。會荒儉連歲不諧，兼寇掠
> 充斥。《集卷》云：先生因以此行皆不偶，自緣海數郡，從來晏如，
> 二三年來無山不寇，先生亦儀田自作，復值歲饑。

〔註40〕〔梁〕陶弘景著、〔日〕吉川忠夫校注、朱越利譯：《眞誥校注》，第447頁。
〔註41〕漢代天柱山不是今潛山縣天柱山，見周運中：《神農炎帝從山西走向世界》，廈門大學出版社，2016年，第172～174頁。

乃曰：「嘗聞《五嶽圖》云：霍山是司命府，必神仙所都。《名
山記》云：霍山在羅江縣，高三千四百丈，上方八百里，東卿司命
茅君所居。」乃自海道往焉，過牛岑，出海口，東望扶桑，乃慨然
歎曰：「所謂觀海難爲水，遊聖難爲言。平生俠無學而不學，今日一
皆休矣。」霍山連略當六七百里，隱隱如陣雲。岩愕驚拔，特異他
處。先生足躡眞境，心注玄關，大有靈應感對，事秘不書。亦人稀
田寡，復以無糠爲患。

陶弘景離開霍童山是因爲缺糠，也即煉丹的燃料，說明他來霍童山，主
要是爲了煉丹。

楠溪即今溫州楠溪江，霍山在羅江縣，《宋書》卷三十六《州郡志二》江
州晉安郡：「羅江男相，吳立，屬臨海。晉武帝立晉安郡，度屬。」〔註42〕則
羅江縣在臨海、晉安之交，在今浙江蒼南到福建福鼎一帶，再南則是溫麻縣。
張崇根提出羅江縣故城很可能是今福安市的羅江街道，在交溪和廉溪的交匯
處，下游就是白馬江，可以進入三都澳海灣。〔註43〕今福安、寧德等地正屬
羅江縣，霍童山有六七百里，說明一直延伸到屏南、政和縣等地。

今政和縣東南有洞宮山，《雲笈七籤》卷二七：「第二十七洞宮山。在建
州關隸鎮五嶺里，黃山公主之。」關隸鎮是政和縣前身，咸平三年（1000年）
置關隸縣，政和元年（1111年）改名政和縣。

今羅源縣也有洞宮山，《太平寰宇記》卷一百福州永貞縣：「洞宮山，在
縣東北六里。自武夷岩前連崗接阜，晉祚中興，以王氣生於東南，乃詔掘斷
山脊，皆有血流於羅浮山，移老君聖像，鎭於洞宮之下。」〔註44〕此處的羅
浮山在今霞浦縣東南的長春鎭羅浮村，在羅源縣東北。

政和縣的洞宮山，東南就是滴水岩，滴水岩很可能是霍童山。滴水岩周
圍有抱兒岩、一線天、奧妙洞、通天洞、琵琶漈、仙人天馬等景觀，很可惜
現在滴水岩傳說是北宋開闢，而且是佛寺，早已忘記道教的歷史。

則霍童山在洞宮山東南，六七百里是概指霍童山西北群山，《太平寰宇記》
說霍童山在長溪（今寧德）西二百五十里可信，按照同書記載的道里推算，

〔註42〕〔梁〕沈約：《宋書》，第1093頁。
〔註43〕〔吳〕沈瑩撰、張崇根輯校：《臨海水土異物志輯校》，農業出版社，1988年，
第88頁。
〔註44〕〔宋〕樂史撰、王文楚等點校：《太平寰宇記》，第1996頁。

霍童山在今周寧縣。

　　唐初王懸河《三洞珠囊》卷四《絕粒品》:「《道學傳第六》云,褚伯玉,字元璩,吳郡錢塘人也。隱霍山,煉液餐霞,積年絕粒也。」褚伯玉在《南齊書》卷五四有傳,〔註45〕他在霍童山絕粒,吃的是芝麻之類。

福建省東北部道教名山

　　褚伯玉還把楊羲帶在身上,陶弘景《眞誥》卷二十:「掾書《西嶽公禁山符》、楊書《中黃制虎豹符》,凡二短卷。本上虞吳曇拔所得許丞一弧□雜道書,吳以此二卷與褚先生伯玉。伯玉居南霍,遊行諸山,恒帶自隨。褚亡,留在弟子朱僧標間。」〔註46〕施舟人認為南霍是霍童山,但是《上清道類師相》卷一引《道學傳》說褚伯玉:「隱南嶽瀑布山,妙該術解,深覽圖秘,採納煉御,靡不畢焉。」《南齊書》說是剡縣(今嵊州)瀑布山,南嶽是古南嶽霍山,在今霍山縣南。所以褚伯玉是否到過霍童山,暫且存疑。至於明代地方志說霍童山的鶴林宮是褚伯玉創建,因為時代太晚,未必可信。

　　道士在霍童山採集的芝草可能有很多種,靈芝是一種是食用菌,政和縣之北即浙江省慶元縣,慶元、龍泉、景寧縣一帶是公認的香菇起源地,這一

〔註45〕〔梁〕蕭子顯撰:《南齊書》,第926頁。
〔註46〕〔梁〕陶弘景著、〔日〕吉川忠夫校注、朱越利譯:《眞誥校注》。

帶山地有培育食用菌的傳統。漢代很可能已經盛產食用菌，通過三沙灣輸入海外，道士慕名而來，入山尋藥，使霍童山稱為第一洞天。

閩北原來還有很多土著飲食，《太平御覽》卷一百四十五引《博物志》：

> 閩越江北山間蠻夷，啖丘蟓脯。

卷一百四十六引《博物志》：

> 閩越江北諸夷，啖獼猴鮭。

閩北土著原來吃螞蟻、猿猴，南宋周去非《嶺外代答》卷六《異味》：

> 深廣及溪峒人，不問鳥獸蛇蟲，無不食之……至於遇蛇必捕，不問短長。遇鼠必執，不別小大。蝙蝠之可惡，蛤蚧之可畏，蝗蟲之微生，悉取而燎食之。蜂房之毒，麻蟲之穢，悉炒而食之。蝗蟲之卵，天蝦之翼，悉鮓而食之。此與甘帶嗜薦何異哉？〔註47〕

深廣即兩廣交通不便之處，溪峒指南方土著。南方民族的食材極多，這對道士有很大啟發。

南朝劉敬叔《異苑》卷五：

> 釋僧群清貧守節，蔬食持經，居羅江縣之霍山，構立茅屋，孤在海中，上有石盂，水深六尺，常有清泉。古老相傳是群仙所宅。群因絕粒，其庵捨去石盂隔一小澗，日夕往還，以木為梁，由之以汲水。年至一百三十，忽見一折翅鴨，舒翼當梁頭就唼，群永不得過，欲舉錫杖撥之，恐有轉傷，因此回，遂絕水，經數日死。臨死向人說年少時曾折一鴨翅，驗此以為現報。

此處羅江縣霍山即霍童山，但是不知為何在海中，或許是江南人誤傳，因為通過海路來往而誤解。說明南朝時的霍童山已經有僧人進入，盛水的石盂即《神仙傳》所說盛水的石甕，因為道士已經佔據，所以僧人住在澗的對面。

五、介象與福州方山白羊公

陶弘景《真誥》卷十四：

> 海中有狼五山，中有學道者虞翁生，會稽人也。昔受仙人介君食日精法，以吳時來隱此山，兼行雲炁回形之道，精思積久，形體更少如童子。今年七月二十三日，東太帝遣迎，即日乘雲昇天，今

在陽谷山中（狼五山在海中，對白章岸，今直呼爲狼山）。〔註48〕

狼五山，即今南通狼山，因爲有五個山頭而名狼五山。會稽人虞翁生，學習了介君的食日精法，隱居在此。白章是白潮之形訛，即今白蒲鎮。唐代日本僧人圓仁《入唐求法巡禮行記》卷一說圓仁的船到揚州海陵縣白潮鎮，望見南方遙有三山，即狼山。

狼山的原名應是浪山，《文選‧遊赤石詩》注引孫吳顧啓期《婁地記》：「浪山，海中南極之觀嶺，窮髮之人，舉帆揚越，以爲標的。」窮髮出自《莊子》，源自北方民族髡髮，指代極北，浪山爲北方人航海到吳越的路標。

東晉干寶《搜神記》卷一：

> 介琰者，不知何許人也。住建安方山，從其師白羊公杜，受玄一無爲之道，能變化隱形。嘗往來東海，暫過秣陵，與吳主相聞。吳主留琰，乃爲琰架宮廟。

同時還有介象，《神仙傳》卷九：

> 介象者，字元則，會稽人也。學通五經，博覽百家之言，能屬文，陰修道法，入東嶽受氣禁之術……吳王詔徵象到武昌，甚敬重之，稱爲介君，爲象起第宅，以御帳給之，賜遺前後累千金，良久乃去。從象學隱形之術，試還後宮，及出入殿門，莫有見者。又令象變化，種瓜菜百果皆立生……後弟子見象在蓋竹山中，顏色更少焉。〔註49〕

建安郡是今福建省，方山在今福州之南七十里。《太平寰宇記》卷一百福州閩縣：

> 方山，在州南七十里，周回一百里。山頂方平，因號方山。上有珍果，惟就食即可，攜出即迷，天寶六年改爲甘果山。〔註50〕

方山有一種神奇的水果，或許是一種北方罕見的熱帶水果。此地興起和霍童山一樣，因爲特殊的草藥。今仍保留方山之名，在福州之南的南通鎮。方山原來是福州向南的要道，《三山志》記載有方山渡，現在大道已經不走方山。

介象在建安方山學道，往來於東海，所以他晚年隱居在蓋竹山，在今浙江臨海之南。

〔註48〕〔梁〕陶弘景著、〔日〕吉川忠夫校注、朱越利譯：《眞誥校注》，第448頁。
〔註49〕〔晉〕葛洪撰、胡守爲校釋：《神仙傳校釋》，第324～326頁。
〔註50〕〔宋〕樂史撰、王文楚等點校：《太平寰宇記》，第1993頁。

介象的種瓜魔術，來自西方。《史記・大宛傳》說大宛：「國善眩。」《漢書・張騫傳》：「而大宛諸國發使隨漢使來，觀漢廣大，以大鳥卵及黎軒眩人獻於漢，天子大說……行賞賜，酒池肉林，令外國客遍觀各倉庫府臧之積，欲以見漢廣大，傾駭之。及加其眩者之工，而角氐奇戲歲增變，其益興，自此始。」顏師古注：

> 眩，讀與幻同。即今吞刀、吐火、植瓜、種樹、屠人、截馬之
> 術皆是也，本從西域來。

西域魔術有種瓜、種樹，介象的技法很可能源自西域，但是此時經過海路傳到中國南方。因為東漢已有大秦（羅馬）幻人從海路到中國，《後漢書・西南夷列傳》：

> 永寧元年，撣國王雍由調，復遣使者詣闕朝賀，獻樂及幻人，
> 能變化吐火，自支解，易牛馬頭。又善跳丸，數乃至千。自言我海
> 西人。海西即大秦也，撣國西南通大秦。

撣國即今緬甸東部的撣邦，東漢延熹九年（166年）、孫權黃武五年（226年）還有羅馬人向東到南海，進入中國，《梁書》卷五十四《海南諸國傳》：

> 漢桓帝延熹九年，大秦王安敦，遣使自日南徼外來獻，漢世唯
> 一通焉。其國人行賈，往往至扶南、日南、交趾，其南徼諸國人，
> 少有到大秦者。孫權黃武五年，有大秦賈人字秦論來。到交趾，交
> 趾太守吳邈遣送詣權。權問方土謠俗，論具以事對。時諸葛恪討丹
> 陽，獲黝、歙短人，論見之曰：大秦希見此人。權以男女各十人，
> 差吏會稽劉咸送論，咸於道物故，論乃徑還本國。〔註51〕

干寶《搜神記》卷一《徐光》：

> 吳時有徐光者，嘗行術於市里。從人乞瓜，其主勿與。便從索
> 瓣，杖地種之。俄而瓜生，蔓延生花，成實，乃取食之，因賜觀者。
> 鬻者反視所出賣，皆亡耗矣。凡言水旱甚驗。

這個徐光，也有種瓜的魔術。所以《搜神記》此條緊接在介琰之下，或許證明介琰和介象有關。

很多胡人留在嶺南，《三國志》卷四九《士燮傳》說他在交州（河內）：「車騎滿道，胡人夾轂焚燒香者常有數十。」〔註52〕

〔註51〕〔唐〕姚思廉：《梁書》，第798頁。
〔註52〕〔晉〕陳壽：《三國志》，第1192頁。

　　孫權時，吳國派朱應、康泰出使扶南，他們的書記載了海外上百個國家，朱應是建安縣（今建甌）人，孫休永安三年（260年）才設建安郡。康泰是胡人，來自中亞的康國。還有康國僧人康僧會到建業（今南京）建立佛寺，南朝慧皎《高僧傳》卷一說：「康僧會，其先康居人，世居天竺，其父因商賈，移於交趾……時吳地初染大法，風化未全。僧會欲使道振江左，興立圖寺。乃杖錫東遊，以吳赤烏十年初，達建鄴，營立茅茨，設像行道。」

　　陶弘景《眞誥》卷十三：

　　　　杜契者，字廣平，京兆杜陵人。建安之初，來渡江東，依孫策入會稽，嘗從之，後爲孫權作立信校尉。黃武二年，漸學道，遇介琰先生，授之以玄白術，隱居大茅山之東面也。守玄白者能隱形……介琰者，即白羊公弟子也，今在建安方山中也（琰即禁山符云爲孫權所殺，化形而去，往建安方山，尋白羊公，杜必當於此時受道也）……契弟子二人，一人孫賁孫女寒華也，少時密與契通情。後學道受介琰法，又以法受寒華。寒華初去時，先叛入建安，依邵武長張毅，毅即契通親，故得免脫，事平乃歸茅山耳……其一弟子是陳世京……世京今服術、澤瀉，寒華無所服……守玄白之道，常旦旦坐臥任意，存泥丸中有黑氣，存心中有白氣，臍中有黃氣，三氣俱仙如雲，以覆身上，因變成火，火又繞身，身通洞徹內外，如此旦行之，至日向中乃止，於是服氣百二十過，都畢，道止。如此使人長生不死，辟卻萬害。〔註53〕

　　這裡也說白羊公住在建安方山，杜契先師從介琰，介琰很可能是介象，兩人都會隱形術，時代相同，都和孫權家族往來。孫權的侄孫女孫寒華，也跟杜契學道。玄白術是行氣術，也用辟穀術，而靠近方山的侯官縣人董奉也有行炁、斷穀術，二者應有關聯。董奉還有煉丹術，白羊公或許也是金丹派。

　　白羊之名非常奇怪。羊是北方草原動物，《史記‧匈奴傳》說秦漢之際在河套有白羊王，土庫曼人也建立過白羊王朝。北周武帝宇文邕主編《無上秘要》卷八十三《得地仙道人名品》：「白羊公，西嶽公弟子。」杜契正是京兆人，京兆靠近西嶽華山。說明白羊公或許來自西部，則福建的金丹派或許源自中原。不過上古的吳越擅長冶煉，有莫邪、干將、歐冶子等著名冶師，而且福州最早

〔註53〕〔梁〕陶弘景著、〔日〕吉川忠夫校注、朱越利譯：《眞誥校注》，第424～425頁。

的地名就叫冶，南京最早的城市也是冶城。歐冶子是東甌人，東甌國在今浙東南。所以福建的金丹派可能也有本地傳統，但也融合了中原因素。

六、侯官人董奉與金丹派

葛洪《神仙傳》卷十：

> 董奉者，字君異，侯官縣人也……杜燮爲交州刺史，得毒病死，已三日。君異時在南方，乃往以三丸藥，内死人口中，令人舉死人頭，搖而消之。食頃，燮開目動手足，顏色漸還，半日中能起坐，遂治。後四日，乃能語……從燮求去，燮涕泣留之，不許，燮問曰：「君欲何所之？當具大船也。」君異曰：「不用船，宜得一棺器耳。」燮即爲具之，至明日日中時，君異死，燮使人殯埋之，七日，人有從容昌來，見君異，因謝杜侯，好自愛重，燮乃開視君異棺中，但見一帛，一面畫作人形，一面丹書符。〔註54〕

卷七：

> 帛和，字仲理。師董先生行炁、斷穀術，又詣西城山，師王君，君謂曰：「大道之訣，非可卒得，吾暫往瀛洲，汝於此石室中，可熟視石壁，久久當見文字，見則讀之，得道矣。」和乃視之，一年了無所見，二年視有文字，三年了然見《太清中經》、《神丹方》、《三皇文》、《五嶽圖》，和誦之，上口。王君回曰：「子得之矣。」乃作神丹，服半劑，延年無極，以半劑作黃金五十斤，救惠貧病也。〔註55〕

董奉是侯官縣（今福州）人，他到交州，再從海路回容昌。古代南方無容昌縣，此處的容昌，無疑是番禺之形誤，字形接近。

董奉所居之山是福山，《太平寰宇記》卷一百福州侯官縣：

> 福山，在州西，水路十八里，高二里，《神仙傳》云董奉，侯官人也。有宅在山下。《閩中記》云：「山上有神人，昔有見者。」
> 《郡國志》云：「上有神人，散髮修眞，人見必獲福，因以名之。」
> 〔註56〕

〔註54〕〔晉〕葛洪撰、胡守爲校釋：《神仙傳校釋》，第333～334頁。
〔註55〕〔晉〕葛洪撰、胡守爲校釋：《神仙傳校釋》，第251頁。
〔註56〕〔宋〕樂史撰、王文楚等點校：《太平寰宇記》，第1994頁。

候官縣治在今福州，福山在今閩侯縣東。今長樂等地有董奉山，可能源自後世改名。長樂是唐代從閩縣析出，不是候官縣地，候官縣在閩縣之西，董奉的家鄉應在內陸。福山上的散髮神人，很可能是受到越人影響。

董奉在海上活動，但是他用丹藥救人，似乎不是符水派，而接近金丹派。他活動的地方也和符水派不同，符水派有很多來往於東海的山東人，董奉往來於南海。他去交趾，令人想到葛洪想去交趾獲得丹砂。丹砂的出產地不多，董奉或許也是去交趾獲取丹砂等藥材，熱帶有很多奇異的藥材。

福山靠近方山，上文說，方山是金丹派基地，所以董奉也屬於金丹派。董奉的弟子帛和，在西城山得到《太清中經》、《神丹方》、《三皇文》、《五嶽圖》，也是金丹派文獻。

據《三洞珠囊》卷一引《神仙傳》說：

> 干君者，北海人也。病癩數十年，百藥不能愈，見市中一賣藥公，姓帛，名和……乃以素書二卷，授干君，誡之曰：卿得此書，不但愈病而已，當得長生。干君再拜受書。公又曰：「卿歸更寫此書，使成百五十卷。」干君思得其意，內以治身養性，外以消災救病，無不差愈，在民間三百餘年，道成仙去也。

干君如果是干吉，應是琅邪人，但是琅邪在南方人看來在北方海域，所以可能訛傳為北海。《太平御覽》卷六百六十三引《神仙傳》說：「帛和字仲理，遼東人也。入地肺山，事董奉。」如果帛和是遼東人，自然容易遇到干吉。但是時代不合，如果帛和比干吉年長，董奉則更早，則董奉遇到的交州刺史杜燮就不可能是漢末到孫吳的士燮。或許干君不是干吉，而是另一個人。干吉和帛和顯然不是一個教派，帛和是金丹道，干吉是太平道。或許是帛家道派的人編造了這個故事，不足為據。

帛和的傳說很多，《水經注》卷十四說無終山是：「帛仲理合神丹處也，又於是山，作金五千斤以救百姓。」無終山在今薊縣，靠近遼東。

但《水經注》卷十五《瀍水》：「東與千金渠合……水西南有帛仲理墓，墓前有碑，題云：真人帛君之表，仲理名護，益州巴郡人，晉永寧二年十一月立。」帛仲理又變成了巴郡人，墓在今洛陽。巴地出產丹砂，所以也有道士，《太平御覽》卷六百六十三引《道學傳》：「步正者，字玄真，巴東人也。說秦始皇時事，了如目前。漢末，將數十弟子入吳，授以服氣及石髓方小丹法，年四百歲。」但是帛和是巴郡人之說太孤立，遼東、臨淄、北海都在沿

海，所以巴郡說不足爲信。或許是因爲步、帛音近，而把步正誤爲帛和。護、和音近，或許洛陽的帛和墓是很晚造出。即使巴地有帛姓，也不能證明帛和就是巴人。

又有說帛和是臨淄人，《太平御覽》卷六百六十一引《眞人傳》：

> 馬明生者，齊國臨淄人也。本姓帛，名和，字君賢。爲縣吏捕賊所傷，遇太眞元君，與藥即愈。隨至太山石室中，金床玉幾，珍物奇偉，人跡所不能及。事之勤亦至矣，太眞乃授以長生之方，曰：「我所授服太和自然龍胎之體，適所以授三天眞人，不可以教始學者。」後隨安期先生服餌仙去，爲眞人。斐眞人弟子三十四人，其十八人學眞道，餘學仙道。

此處所說服食事蹟，符合帛和。但是不知爲何是臨淄人馬明生，或許是後人附會。

帛和是帛家道的開創者，帛家道在江南沿海的大族中非常流行。陶弘景《周氏冥通記》說：

> 玄人周子良，字元蘇，茅山陶隱居之弟子也。本豫州汝南郡汝南縣都鄉吉遷里人，寓居丹陽建康西鄉清化里，世爲胄族，江左有聞……十歲隨其所養母還永嘉。天監七年，隱居東遊海嶽，權住永寧青幛山。隱居入東，本往餘姚，乘海舫，取晉安霍山。平晚下浙江，而潮來掣船，直向定山，非人力所能制。因仍上東陽，欲停永康。忽值永嘉人，談述彼山水甚美，復相隨度嶠至郡。投永寧令陸襄，陸仍自送憩天師治堂，而子良始已寄治內住，於此相識……後隨往南霍。及反木溜，日一夕承奉，必盡恭勤……周家本事俗神禱，俗稱是帛家道。許先生被試時亦云爾。子良祖母姓杜，爲大師巫，故相染逮。外氏徐家，舊道祭酒，姨母化其父一房入道。

周子良從永嘉郡（今溫州），兩度乘船去晉安郡的霍山（今寧德霍童山），又乘船去木溜嶼（今玉環），改師陶弘景。永寧縣（今溫州）有天師治，也即天師道的據點。

陶弘景《眞誥》卷四說許邁：

> 又汝本屬事帛家之道，血食生民，通愆宿責，列在三官，而越幸網脫，奉隸眞氣，父子一家，各事師主，同生乖戾，不共祭酒。

許邁家原來也信帛家道，周子良的祖母姓杜，是大巫師。也是東陵聖母

的姓氏，或許不是偶然。周子良外祖父徐家，也是道教世家。

　　錢塘杜氏是著名的五斗米道世家，《晉書》卷一百《孫恩傳》：「世奉五斗米道，恩叔父泰，字敬遠，師事錢唐杜子恭。」《太平御覽》卷六百六十六引《太平經》曰：「王右軍病，請杜恭。」杜恭即杜子恭，王羲之也是五斗米道世家。《南齊書》卷五十四《杜京產傳》：「杜京產，字景齊，吳郡錢唐人。杜子恭玄孫也。祖運，爲劉毅衛軍參軍。父道鞠，州從事，善彈棋，世傳五斗米道，至京產及子棲。」廣陵和錢塘都在沿海，或許是同一支杜氏。

　　有人說董奉治療的交州刺史不是杜變，而是士變，《三國志》卷四九《士變傳》說：「黃武五年，年九十卒。」〔註57〕董奉在孫權時有三十多歲，又過了五十多年，士變早已去世，所以傳說有誤。我認爲，董奉三十多歲就可以到交趾，不必等到八十多歲。杜變可能是士變之形誤，但《三國志》卷四九說士變做的一直是交趾太守，不是交州刺史。士變同時代的交州刺史，史書記載詳細，有朱符、張津、賴恭、步騭、戴良等。或許是董奉的故事中，誤傳士變爲交州刺史，士變家族確實長期控制交州。

　　葛洪《抱朴子·遐覽》：

> 余聞鄭君言，道書之重者，莫過於《三皇內文》、《五嶽眞形圖》也。古人仙官至人，尊秘此道，非有仙名者，不可授也。受之四十年一傳，傳之歃血而盟，委質爲約。諸名山五嶽，皆有此書，但藏之於石室幽隱之地，應得道者，入山精誠思之，則山神自開山，令人見之。如帛仲理者，於山中得之，自立壇委絹，常畫一本而去也。

　　所以陳國符認爲葛洪也屬帛家道，〔註58〕我認爲此說合理，其實帛和也應歸入金丹派。

　　上清、靈寶和金丹三派，互有矛盾。唐長孺指出，陶弘景《眞誥》卷一二說鮑靚：「靚所受學，本自淺薄，質又撓滯，故不得多也。」又說葛玄：「字孝先，是一抱朴從祖，即鄭思遠之師也。少入山得仙，時人咸莫測所在，傳言東海中仙人寄書呼爲仙公，故抱朴亦同然之，長史所以有問，今答如此，便是地仙耳。靈寶所云太極左仙公，於斯妄乎。」〔註59〕說明上清派的人看不起葛洪的前輩葛玄、鮑靚等人，也即看不起靈寶派的道行。但是三派在南

〔註57〕〔晉〕陳壽：《三國志》，第1193頁。
〔註58〕陳國符：《道藏源流考》，北京：中華書局，2014年，第225頁。
〔註59〕唐長孺：《太平道與天師道》，《山居存稿續編》，第280頁。

朝時期卻有很深的融合，唐長孺指出，杜京產、孔稚圭、陸修靜、顧歡、褚伯玉、張道裕等天師道信徒都有神仙道的傾向。〔註60〕

　　雖然如此，我們似乎很少看到南朝後期這些重要人物在海上的活動。或許可以說，金丹派的道士在海上活動最多，因爲他們要積極搜羅各種海外丹藥。南朝時期，天師道復興，雖然有陸修靜等人系統整理道書，又在都城獲得很高地位，但是在航海方面反而衰落。

〔註60〕唐長孺：《錢塘杜治與三吳天師道的演變》，《山居存稿續編》，第198～200頁。